U0024232

歷史
不會開玩笑

李偉明讀史隨筆選

李偉明 著

目　次

下 輯 故事之忖量

後　記

上輯

古人之慨歎

閒話明英宗的不「英」

明朝十多個皇帝，如果說明英宗朱祁鎮也算較有「知名度」的話，那多半是靠了他當過北元俘虜的不光彩經歷。

廟號「英宗」的朱祁鎮，既不英明，更非英雄。西元 1449 年，明英宗在太監王振的慫恿下，帶 50 萬兵御駕親征，與北元作戰。結果，歷史上有了「土木堡之變」這件大事，還沒來得及開戰，明英宗就淪為蒙古人的俘虜，像北宋的徽宗、欽宗一樣丟臉。

明朝的國運，正是在英宗手上急轉直下，走向衰敗。儘管此人後來因為「奪門之變」重登皇位，可畢竟本身就那麼點素質，到死也沒能做出什麼好事。

據有關史料，明英宗在成年以後，仍然像一個未成熟的兒童，什麼事都聽太監王振的。王振為何在明英宗面前有這麼強大的魅力？歷史學家黎東方教授認為，首先應歸罪於英宗的父親宣宗朱瞻基，他對兒子的教育未能引起「高度重視」，沒有給他找到一個好老師。正因為如此，英宗在童年所崇拜的人，竟然是個不學無術（字都認不到幾個）且品行欠佳（基本不做好事）的太監王振！英宗當了十幾年皇帝以後，還一直稱呼王振為「先生」。

有道是「老子英雄兒好漢，老子賣蔥兒賣蒜」，師生之間的這種「淵源」關係，恐怕還有甚於父子。一個識字不多的小人居然有幸被皇帝「高山仰止」，你要英宗「名副其實」，實在無異於緣木求魚。

　　歷史早已過去，明英宗當他的俘虜，受他的屈辱，敗壞他的江山，和我們並無關係，後人當然犯不著為他扼腕，為他歎息。今天說他的「閒話」，更多的還是因為他的「老師」的緣故。

　　人們常說，明師出高徒，反過來，如果是庸師、劣師呢？結果可想而知。選一個好老師，不僅對皇子王孫非常關鍵，在今天，對我們任何一個家庭（整個社會）來說也是相當重要的。發達國家沒有不重視教育的，而重視教育也正是這些國家走向發達的必要條件，這是人人皆知的大道理，無須贅言。

　　教育既然堪稱「重中之重」，教師當然應選優秀人才。據說，在日本等國家，教師這個職業的「門檻」是很高的，一般人進不了。這不僅僅是因為老師的經濟待遇好，而是因為這個職業的重要性確實受到全社會的普遍認同，「形勢」逼得他們非把「老師」選好不可。而我們呢，若干年前，高考還是「千軍萬馬過獨木橋」的時候，許多師範院校的學生，不是因為「別無選擇」，就是因志願差錯「調劑」過來的，多數考高分的，人家才不選「師範」呢。而這幾年，在「大擴招」的形勢下，上大學早已不是難事，師範院校（特別是專科）招生的情況只怕更是未必能好到哪裡去。我的一個晚輩，學習成績實在不夠理想，托了「大擴招」的福，無驚無險地進了一所師範專科學校。面對當前嚴峻的就業形勢，小夥子還挺自信：「大不了到學校當個老師嘛！」我不客氣地對他說：「現在若不抓緊『補課』，到時你教的學生豈不是一代不如一代？」師範院校的「門檻」怎能越來越低？面對下一代，我覺得這種擔心並非完全多餘。

　　我們不妨再來看看另一個現實。到黨政機關（或別的被世人公認的「好單位」）去瞭解一下吧，有多少幹部是從學校「跳」出來的？

以我們較熟悉的宣傳系統為例，至少在本地，具有從教經歷的「筆桿子」所占的比例是非常「可觀」的。我不敢說這些人當時都是教師隊伍中最優秀的，但至少可以肯定，他們大多數是當時的同行當中較出色的（否則哪有選調的機會）。

如果有人說「優秀的人才最終都沒去當教師，優秀的教師最終都不再當教師」，那肯定會有磚頭撲面而來──所以我沒說（也希望永遠沒這回事）。但是至少可以這樣說吧：在當前，有些地方對教師的重要性還存在認識上的不足，沒有真正地對教師提出較高的資格要求；在當前，有些人雖然有足夠的實力做一名優秀教師，但他卻未必有這份心思，甚至，他只有在走投無路的情況下才可能會將就一下當教師。於是，我們的師資隊伍，未必有那麼合理，我們的教育水平，未必有那麼理想……出現這種局面，當然怪不得哪一個人、哪一個部門，可是，我們總得看到它的存在，多想幾個「為什麼」、「怎麼辦」吧？

在「天下為家」的時代，明宣宗雖然沒有給英宗選好老師，以致英宗當不成好領導，搞壞了祖宗的基業，但是並沒哪個說要追究他的責任，畢竟這只是他們朱家的事。而在「天下為公」的今天，如果我們不吸取宣宗的教訓，認認真真地為「祖國的花朵」挑選良師，到時若在國際競爭中吃了虧，這「上一代」的責任可是大得很哦！

好個「劉郎今又來」

　　閱讀唐詩，覺得劉禹錫兩度遊玄都觀所作的兩首詩很有意思。

　　劉禹錫，大詩人，也是唐順宗時期的「政壇明星」，參與了王叔文集團的「永貞革新」。改革失敗後，劉禹錫被新君唐憲宗貶到窮苦地區，十年後才好不容易調回京城。在等待任命時，劉禹錫前往玄都觀遊玩，面對滿院桃花及遊人，觸景生情，寫下一首〈戲贈看花諸君子〉：「紫陌紅塵拂面來，無人不道看花回。玄都觀裏桃千樹，盡是劉郎去後栽。」

　　文字惹是非，中國歷史上不乏其事。這不，很快有人打小報告說劉禹錫牢騷不小，對「組織上」有意見。於是，詩人倒楣了，重返「機關」任職的機會轉眼間變成了再次下放到更加偏遠落後的基層「鍛煉」。

　　又過了十年，換了新君唐文宗，老在地方調來調去的劉禹錫總算回到久違的京城。不甘心的詩人，對他當年的另類「桃花運」念念不忘，故地重遊，寫下了〈再遊玄都觀〉：「百畝庭中半是苔，桃花落盡菜花開。種桃道士歸何處？前度劉郎今又來。」

　　這次有沒有人打小報告，不得而知，因為上頭沒有再追究此事。但此詩寫得雖好，卻不見得給詩人帶來什麼「正面影響」，因為許多人（包括後人）由此看不慣他那對舊事耿耿於懷的性格，認為他是個氣量狹隘之人。

好個「劉郎今又來」！劉禹錫的氣量如何，我不感興趣；我倒覺得，他這股冥頑不化、冒著「自毀前程」的風險直抒胸臆的「傻勁」，卻不失可愛之處。

中國漫長的封建社會雖然是極其專制的，可是歷史上敢說話的知識份子仍然不少。就說劉禹錫所處的時代吧，另一位大文豪韓愈，就因為不避權貴，敢於直言，五次在官場受挫，或貶到地方，或降級使用。「一封朝奏九重天，夕貶潮陽路八千。」這首著名的〈左遷至藍關示侄孫湘〉，就是其斗膽上疏唐憲宗請停止迎佛骨而結下的「苦果」。為了這事，韓愈還差點掉了腦袋，從京城貶到八千里外的潮州，完全是「從輕發落」了。

如果說劉禹錫、韓愈的「直言」尚有意氣用事的成分，那麼，相比之下，與他們同時代的大詩人白居易，其「直言」的境界更高一籌。白居易任唐憲宗的諫官時，一邊作詩，一邊進言，詩名與諫名比翼。諫得多了，儘管都是憂國憂民之詞，可還是難免引起皇帝的反感。白居易不管這些，照諫不誤。終於，皇帝忍不住了，把他調離諫官崗位，改任他職。秉性難移的血性漢子白居易為了心中的「正義」，不怕得罪領導和同事，依然要出頭說話，結果，一次次下放基層的機會在前頭等著他（當然，在基層的經歷也使他獲得了創作〈琵琶行〉等名篇的素材，算是「失之東隅，收之桑榆」吧）。

直言，不管是像韓愈、白居易那樣提意見，還是像劉禹錫那樣發牢騷，都是需要勇氣的，體現了一種不屈不撓的精神。尤其是在言論不自由、政治環境處於高壓態勢的時代，直言更是如同黑暗中迸發出的火花，承載著光明的希冀（當然，這「迸發」的代價，可

能會很大）。中國歷史上，政治環境時而開明寬鬆，時而沉悶壓抑，而言論自由的程度（當然只能是相對的）正是政治環境的晴雨表。

　　對於知識份子來說，更需要敢於直言的品格，也就是有「風骨」。只有大家「敢說」，才能形成輿論的力量，並從這個方面維護社會的公正。而作為「能說」的知識份子，在大是大非面前，理應帶頭「敢說」。遺憾的是，當前，我們看到的真正「敢說話」的人還是不多，面對不平之事，更多的人還是選擇了慎言甚至「閉嘴」。就拿文學界來說吧，十多年前，曾有青年博士王彬彬寫了篇〈過於聰明的中國作家〉批評道：「中國文學之所以難得有很大的成就，原因之一，便是中國的作家過於聰明了。」並點了幾位大作家的名。十多年過去，這種局面並不見得有多少改觀。的確，對於作家而言，不敢面對現實、批判現實，是出不了好作品的，明哲保身與佳作傳世如同魚和熊掌不可得兼，就看他們如何選擇了。

　　萬馬齊瘖究可哀。人人保持緘默，這個社會將毫無生氣，更談不上進步。歷史上那些錚錚風骨的名士，足以讓後世的怯懦者慚愧。話說回來，在專制時代已經結束的今天，要讓人敢說話，首先需要大家營造一個寬鬆的輿論環境，充分尊重言論自由這一人權，對「直言」和「牢騷」多一分寬容。如果對於「說事者」，被「說」的人打擊報復，旁聽的人落井下石，那麼，「劉郎」膽敢再來的話，下場可想而知。在這樣的環境下，再笨的「傻瓜」也只好「聰明」起來了。

且看雍正「樹榜樣」

清朝雍正五年，一個叫六十一的滿人鍘草夫拾得一個元寶，沒有據為己有而是上交給「組織」處理。有關部門將此事彙報到雍正帝那裏。雍正帝正要倡導拾金不昧的良好社會風尚，遂將六十一樹為「榜樣」，不僅將那個元寶賞賜給他，還在八旗之內廣為宣傳其事蹟。

雍正六年，河南孟津縣農民翟世有拾得一名商人的 170 兩銀子，交還失主並堅決不接受失主的報酬。地方官因此賞賜翟世有 50 兩銀子，並為其立碑，當然少不了向朝廷交一份彙報材料。雍正帝知道後，除了再向翟世有賞銀百兩，還特別賞給他七品頂戴；地方官也因「領導有方」大受表揚。同時，雍正帝將六十一和翟世有分別樹為滿、漢拾金不昧「標兵」，要求全國上下向他們學習。

「榜樣」的力量果然大得很。從此，各地「拾金不昧」的「好人好事」紛紛湧現，只要彙報上來，統統有賞，結果朝廷不知發放了多少獎金，提拔了多少幹部，真是群眾領導皆大歡喜。其中，很多人「做好事」的手段如出一轍，明眼人一看就知其中有問題，可雍正帝為了達到「宣傳效果」，根本不加追究。於是，一個個「榜樣」令人眼花繚亂，難辨真偽，簡直到了不可收拾的地步。直到乾隆帝繼位，為了扭轉這種局面，才規定：對於真正的拾金不昧行為，由州縣官酌量獎勵即可，不許再向上級彙報。

雍正帝樹「榜樣」，出發點當然是好的，結果卻是種瓜得豆，令人啼笑皆非，此事值得品味。

　　樹立「榜樣」，能否以物質刺激作為主要手段？從雍正帝的教訓來看，這一招顯然是失效的。「榜樣」的力量，應當主要體現在精神上，以其人格魅力來得到別人的信服、尊重，使人們從內心接受他，效仿他。而雍正帝以直接利益包裝出來的「榜樣」，反而使人們忽略了拾金不昧的精神實質，只看到了世俗的「好處」，結果引導了人們以這種「好處」作為追求目標，而「拾金不昧」恰好淪落成了謀取「好處」的手段。

　　濫樹「榜樣」，會使這一做法流於形式，從而帶出無窮的弊害。雍正帝大樹「榜樣」，用意非常明顯，一來希望迅速提高群眾的道德水準，二來可以充分顯示自己的領導水平。然而，他卻忽略了鑒定「榜樣」的「含金量」，更忽略了道德建設的特殊性，結果在無意中發起了一場轟轟烈烈的造「榜樣」運動。只要撿到東西上交，就有獎金，就可提拔，事情簡單到這個地步，對許多投機分子來說，真是何樂而不為！如此一來，社會風氣不但沒好轉，投機鑽營倒是有了一塊理想的土壤。難道雍正帝果真是「當局者迷」，不知道一個個何其相似的事例，已經構築成了一座形式主義的空中樓閣？

　　為樹「榜樣」而任意拔高某個人的言行，其實是貶低了一大群人，這不是道德水平的提高，而是道德水平的整體下降。拾金不昧並非雍正朝才有的事（從新聞的角度來說，幾千年前它才有可能算得上「新聞」），六十一、翟世有的做法，雖然值得肯定，應當表揚，但事情本身就只有那麼大，怎麼看也夠不上「特別」，就未必需要當作「典型」人物如此大張旗鼓地表彰、重賞（你看翟世有，還一下子從普通農民弄了個「縣處級待遇」，真是飛來橫福啊）。雍正帝過分突出他們的事蹟，倒顯得全國人民都貪財，就他們倆是好人了，

這不是「打擊一大片」麼？至於後來各地爭先恐後報上來的「好人好事」，就更沒有理由大驚小怪了。

今天，我們的各級組織、各大媒體也經常推出各種各樣的榜樣。每個時代總有英雄輩出（包括平民英雄），各行各業出色的人物理應成為人們尊敬、學習的對象。大千世界，芸芸眾生，榜樣的作用當然是不可低估的，然而，我們樹立「榜樣」時，一定得大浪淘沙式「精選」，使其達到真正的高度，以獨特的、非凡的人格魅力激勵人們前行。否則，像雍正帝這樣急功近利濫樹「榜樣」，只能是「畫虎不成反類犬」。

唐德宗訪農家

　　唐德宗貞元三年（西元 787 年），全國農業形勢大好，農民增產，政府增收。這年十二月初一，國家最高領導人唐德宗李適利用休息時間，輕車簡從，前往新店打獵。李適在娛樂休閒之餘不忘關注民生，打完獵後，來到農民趙光奇家中調研訪問。唐德宗親切地問趙光奇：「群眾的生活過得還愉快吧？」趙光奇因為事情來得突然，事前又沒有地方官員教他怎麼應答，居然脫口而出：「不快樂！」德宗奇怪地詢問：「今年莊稼大豐收，國家還頒布了系列惠農政策，怎麼還不快樂？」趙光奇實話實說：「國家政策不講信用。以前說兩稅以外再沒有其他徭役，現在不屬於兩稅的收費攤派比兩稅還多；以後又說政府收購餘糧，實際上卻是強取豪奪，一個錢也沒看到，都是打白條；起初政府說收購糧食時實行上門服務，百姓只要將糧食送到路邊就行，現在卻要我們送到京西行營，動不動就是幾百里路，車跑壞了，馬累死了，家裏也差不多破產了。日子過得這麼艱難，怎麼快樂得起來？上頭的政策總是說要關心群眾，優待百姓，執行起來卻不過是一紙空文！恐怕聖明的皇上居住在深宮，全然不知道是這麼回事吧！」德宗聽了，覺得趙光奇的確不容易，下令免去他家的賦稅和徭役（見《資治通鑑》第二百三十三卷）。

　　唐德宗深入基層，親自走訪農家的做法，當然是很了不起的，值得隆重表揚。可是，後世有一個人卻公然批評唐德宗的做法太糊塗，認為他應當查處有關部門貪污政策、假公濟私的行為（言下之

意，唐德宗的工作作風還是浮在面上，沒有「沉」下去），「然後洗心易慮，一新其政，摒浮飾，廢虛文，謹號令，敦誠信，察真偽，辨忠邪，矜困窮，伸冤滯」。——這個不識好歹的人是誰？當然是那個在《資治通鑑》中動不動就「臣光曰」的多嘴多舌之徒司馬光。

這司馬光畢竟是沒當過一把手的，看什麼事情都想當然。說他「站著說話不腰疼」，還算是抬舉了他，說難聽點，這司馬光才是不懂世事，太難醒悟（套用他自己的話，是「甚矣司馬光之難寤也」），十足的「沒睡醒」。

德宗訪農家，只是休息之餘（按規定要發加班費的），順便路過而已（要不然，縣鄉幹部還能不及早做好迎接檢查的準備？），本來就不是純粹帶著關注民生的調研目的而來的。趙光奇這個覺悟不高的農民，沒有看清全國的大好形勢，毫不關心領導的鞍馬勞頓，只盯著自己那點小小的感受，不講大局，信口開河，差點打亂了隨行記者的寫稿思路，德宗不治他的罪，已是非常不錯了（就是不知事後有沒有地方官打擊報復），而且還讓他得了實惠，這是何等的大度！

說德宗糊塗，有什麼依據？德宗何嘗不知道，趙光奇說的這個事，真要追究起來，牽涉面何其廣也，工作量何其大也，全國有多少官員將會因此影響正常工作，萬一沒控制局面，事情不就麻煩了？從講大局的角度出發，德宗完全應該對此事淡化處理（特別是離春節不到一個月了，怎麼能讓幹部們過年都不安心呢）。

再說，什麼人才是真正的「自己人」，唐德宗當然心裏有數。是農民趙光奇之流嗎？顯然不可能，他們這個階層的人，連邊都挨不到（能當上一次領導訪貧問苦的對象，已經是萬世修來的造化了）。

進入了自己這個「圈子」的人才是「自己人」，也就是那些貪污上頭政策、給農民打白條、打完白條還糊弄上面的人。為了趙光奇這些非親非故的人，「得罪」一大批「自己人」，值得嗎？唐德宗這麼大的領導，這筆帳還會算不清楚？

　　更重要的是，如果根據趙光奇提供的線索順藤摸瓜查下去，到時牽出了一大串的「爛瓜」，唐德宗自己不負點領導責任的話，怎麼也說不過去吧？到時候，弄得自己也要到報紙、電視上作個檢討才好交差，豈非臉上無光？為了這麼點事而損害自己的光輝形象，那不是犯傻是犯啥？

　　有此種種緣由，唐德宗怎麼可能按司馬光說的那樣去做？人家只是唐德宗又不是唐太宗，他司馬光不分對象一派胡言，簡直不值一駁！唐德宗對這件事的處理是無比正確的，作為新聞工作者，我們還要強烈建議《大唐日報》在貞元三年十二月初二的頭版頭條對德宗訪農家的親民作風進行重點報導，並配發評論員文章，當年度的「大唐新聞獎」一等獎也就這樣一錘定音了！

兩個劉秀

　　東漢的第一個皇帝光武帝劉秀，是西漢第一個皇帝漢高祖劉邦
的九世孫。據《資治通鑑》第三十八卷載：西漢長沙定王劉發，生
了舂陵節侯劉買，劉買的侯爵位被兒子劉熊渠一支繼承，到王莽篡
奪帝位時，他們的封國被撤除。劉買的小兒子劉外，曾任郁林太守，
劉外的兒子劉回是鉅鹿都尉，劉回的兒子劉欽是南頓令。劉秀就是
劉欽的第三個兒子。劉欽早死，劉秀兄弟幾個由叔叔劉良撫養。劉
秀成年後，喜歡種田，估計是個優秀的農民。

　　從劉秀的世系來看，他們家可真是一代不如一代，由王而侯，
再降為沒有爵位的太守、都尉、縣令，至劉秀這一代，已經成為平
民。年輕的劉秀，在農閒時也做點販賣糧食之類的小生意，要多高
的社會地位是沒有的。有一次，劉秀和姐夫去拜訪一個懂算命的人
物蔡少公。蔡少公占了一卦，說「劉秀當為天子」。在座的人馬上介
面說：「那肯定是說國師公劉秀吧？」原來，當時的皇帝王莽手下有
個位居「上公」的重臣也叫劉秀，他的級別，離皇帝也就差一檔了，
所以大家認為肯定是說那個劉秀要當皇帝。糧販子劉秀和大家開玩
笑說：「你們太小看人了吧，怎麼就知道不是我這個劉秀呢？」此話
一出，引來哄堂大笑──也難怪，你劉秀雖說祖上是皇帝、王侯，
可現在連個幹部身份都沒了，還想當皇帝，太離譜了吧？何況還真
有個那麼大的領導劉秀在上面呢。

　　國師公劉秀是誰？說起來也不是等閒人物，他父親劉向是著名
大學者，他本人在學術上也是頗有建樹的。他本來不叫這個名字，
叫劉歆。這個劉秀是王莽的老同事、老朋友，早在漢哀帝時，王莽
推薦劉秀當上了侍中，後來又升為光祿大夫，成為皇帝身邊的紅人
之一，也就是這時改名為劉秀。西元 9 年，王莽去掉漢朝名號，正
式當皇帝，在任命輔政大臣時，老朋友、死黨劉秀當上了國師，賜
封嘉新公，與太師、太傅、國將並列為四輔，位列「上公」（級別比
「三公」還高）。西漢末年，自從王莽興起「符命」後，民間的各種
流言也多起來，「劉秀將當皇帝」便是其中一種。對於相信這句話的
人來說，心裏所指的劉秀，十有八九當然是國師公了，怎麼會是小
糧販？

　　然而，人的命運就是這麼不可琢磨。就在糧販子劉秀被人哄堂
大笑之後，沒過幾年，他還真的成了皇帝，光復了漢室，在歷史上
眾多皇帝之中，算是很有作為的一位。

　　和兩個劉秀並存相類似的情況，在那個年代還有一例：兩個王
匡。《資治通鑒》第三十八卷載：王莽還是列侯的時候，和侍女生下
兒子王匡。王莽稱帝後，把王匡封為功建公。同一卷，又說綠林賊
寇王匡大破州府官軍。此後，書中左一個王匡，右一個王匡，看得
人暈頭轉向。直到第三十九卷記載：定國上公王匡攻陷洛陽，生擒
新莽太師王匡並斬之，讓兩個敵對陣營的同名同姓之人直接交鋒，
王匡殺王匡，真是無巧不成書。

　　糧販子劉秀能當上皇帝，是不是受了民間流言的激勵？不能完
全排除這個可能。書中說，劉秀本來是個熱愛勞動、性格厚道的農
民，不像他大哥一心想對王莽造反。劉秀的大哥正式動員家鄉子弟

造反時，大家都嚇得逃跑，不敢跟他玩；可回頭一看，劉秀也挽起褲腿上岸穿起了軍裝，大家更吃驚：「這麼謹慎的老實人也敢造反呀？」於是放心跟著他們幹了。如果不是看了相算了命，劉秀這個老實人是否會將皇位立為自己的奮鬥目標？難說得很。

那麼，劉秀當上皇帝是完全靠這個所謂的「讖語」嗎？這麼說，未免太唯心而且太小看劉秀的內在素質了。根據《資治通鑑》第四十一卷的一段記載，王莽的國師公劉秀改名，也是因為當時流傳的預言書說劉秀可當皇帝，所以改名。王莽末年，道士西門君惠謀劃擁立國師公劉秀做皇帝，事情敗露，劉秀自殺，西門君惠在被綁縛刑場時，還對圍觀的群眾說：「預言書的話沒錯，劉秀確實是你們的皇上！」照這麼說，國師公劉秀也是有想法的人，可終究沒成功，名字算是白改了。這對後世那些指望通過改名（而不是努力奮鬥）來改變命運的人來說，也是個教訓呢。

劉秀當皇帝，終究是靠了自己出色的能力，以實力說話。在那個兵荒馬亂的年代，自稱皇帝的人很多，僅皇族人員當中，一開始比劉秀更有市場的就有劉玄（劉熊渠的曾孫）和放牛娃劉盆子。吹盡黃沙始見金，最後的勝利歸了劉秀，與其說是他的名字取得好，不如說是人家的本事好。

可惜，劉秀本人也頗以為自己是應驗了民間「讖語」，命中註定要當皇帝的，以致在當上皇帝後，習慣於依靠符命來解決疑難問題，還大力支持這類封建迷信的出版物出版發行。到了劉秀晚年，這類宣揚迷信的出版物氾濫（衝擊了當時的精神文明建設）。光武帝中元元年（西元 56 年），給事中桓譚上書勸劉秀不要相信符讖，認為符讖預言即使與事實相符，也不過是巧合。此話觸及劉秀痛處，他當

場發作，差點將桓譚斬首，後來雖然息怒，還是將桓譚從中央機關貶到六安當郡丞。結果，直言的桓譚沒有直接死在劉秀手上卻死在路上。沒過多久，劉秀也「永遠」了，其對待桓譚的一幕，讓人感到迷信思想使這個原本出色的光武帝失色不少。

「三道全才」漢靈帝

印象中，一直把東漢的靈帝當作低能兒看待，然而，讀了《資治通鑒》後，發現漢靈帝還是挺「有才」的，而且堪稱「紅黃黑」三道的「全才」。

「紅」道，那是不用說了，漢靈帝劉宏在當皇帝之前並非皇太子，只是一個解瀆亭侯（連「王」都不是），和他的前任漢桓帝血緣關係較疏遠，從理論上來說成為「接班人」的可能性是極小的，可人家卻偏偏有幸在十二歲那年當上皇帝，而且一幹就是二十多年（三十多歲就「英年早逝」了），所以，政治上當然是極其成功的（儘管這成績不是依靠個人奮鬥取得的）。在這個只問結果不問過程的社會，不管你是憑運氣還是靠別的，只要能坐上高位，便是人才，所以，「行政級別」至高無上的劉宏，在「紅」道當然是個人才，而且是頂級人才。

特別值得大書特書的，是劉宏在「黃」道上顯示的「卓越」才華。我們知道，中國歷史上公開賣官的人，就是這位漢靈帝。據《資治通鑒》第五十七卷載，劉宏還是個小小的亭侯時，家境困難，經常感到手頭拮据，等到當上皇帝後，滿以為經濟上可以大翻身了，豈料到財政部門一瞭解，國庫空虛，錢還是不夠花，因此常常歎息他的前任漢桓帝不懂經營家產，沒有存下私房錢。於是，西元 178年，他決定充分盤活「行政資源」，創造性地開設了專門賣官的機構「西邸」，並配套設立一個錢庫貯藏賣官的錢。當時，朝廷大小官員，

都得花錢買，有些本來按能力可以正常提拔的，也得出錢，不過可以享受優惠政策：價錢打個三五折（你看人家考慮問題多周到）。後世一些官員（包括一千多年以後的），沒有別的辦法增加政府財政收入時，就動不動打主意賣土地、賣學校、賣企業，還不是向漢靈帝學來的？那些千年以後還在拾人牙慧者，真是一點出息也沒有。

　　還有一例可以證明漢靈帝很有經營頭腦。《資治通鑑》第五十八卷載：西元 181 年，靈帝在後宮建了多家商業店鋪，讓宮女們在那裏經商，靈帝自己也穿上商賈服裝，與宮女同樂。靈帝還善於引領潮流，親自駕馭四頭驢拉著的車子「扮酷」，此舉使京城洛陽的幹部群眾紛紛跟風，驢價因此趕上了馬價（我以今人的心思猜測：漢靈帝這樣做，很有可能是大漢毛驢集團聘請了他當產品代言人，你看這效果，嘖嘖！靈帝從中得到的廣告費，肯定也是相當可觀了）。

　　漢靈帝懂政治，善經營，「紅」「黃」二道都沒得說了。那麼，「黑」道呢？別小看劉宏，儘管當了皇帝日理萬機，可人家也是個文學愛好者，而且在社會上擁有一大批「粉絲」呢。《資治通鑑》第五十七卷載：起初，靈帝愛好文學，撰寫了《皇羲篇》五十章（質量如何、有沒請祕書捉刀就不得而知了），選了太學中善於寫辭賦的學生等候詔令，後來，一批趨炎附勢的無行之徒也混進這支隊伍與靈帝一起研討文學，其中不乏行文庸俗甚至抄襲、冒充別人姓名者。靈帝對「粉絲」們關愛有加，經常越級提拔他們。由此可見，漢靈帝在當時的文壇是很有分量的，百忙之中肯定少不了頻頻參加作品研討會、簽名售書之類的高雅文化活動。

　　漢靈帝在「紅黃黑」三道都取得了如此令人矚目的成就，說穿了，還是因為有「紅」道的成功做前提。用民間的話來說，劉宏「命」

好，交了狗屎運，僥幸當上了皇帝，獲得了尊崇的政治地位。於是，在這個基礎上，他的經濟能力、學術能力都能「充分」發揮出來了。如果不是當了皇帝有了權，你能想賣官就賣官，想怎樣處置國有資產就怎樣處置，想使毛驢漲價，毛驢就漲價？如果不是手上有權，你的文章寫得再好，能有眾多「粉絲」趨之若鶩，能有那麼多部門主動給你召開作品研討會？現代人所說的「官大文章好」，說的就是這個道理。唉，說到底，體制的弊端已經微縮於漢靈帝劉宏一身了！

人格的裂變

　　提起隋煬帝和石敬瑭，讀過歷史的人都知道這是兩個寡廉鮮恥的人物：前者是著名的暴君，以其荒淫與殘暴把隋朝的江山摧毀了；後者是契丹的「兒皇帝」，為了滿足自己的權力慾望，不惜認賊作父，出賣民族利益，為後人所不齒。

　　很少有人注意到，隋煬帝在登上皇位之前，其實也是隋朝的「傑出青年」；石敬瑭在建立後晉之前，曾為後唐德高望重的忠臣。

　　人性的複雜，在這兩個歷史人物身上表現得淋漓盡致。

　　隋煬帝楊廣，從小才華出眾，詩文俱佳，而且仁孝並舉，堪稱「道德標兵」。楊廣還是隋朝統一戰爭的前線「總指揮」，為完成全國統一大業立下了汗馬功勞，充分展示了其政治與軍事才能。而成為皇帝的楊廣，在主觀上卻幾乎沒做過一件好事，以致被史家評為「集秦朝弊政之大成」：暴行不輸秦始皇，荒淫超過秦二世。

　　後晉高祖石敬瑭，是後唐君主李嗣源的愛將、賢婿、功臣，他生活簡樸，不近聲色，關心民情，深得民心。後來，他為了當皇帝，與契丹談判，接受了契丹提出的屈辱條件：拜比自己小十多歲的契丹皇帝為父，割讓燕雲十六州，歲貢帛三十萬匹。連他手下的大將安重榮都說：「貶中國以尊夷狄，困已敝之民，而充無厭之慾，此晉萬世之恥也！」

　　觀楊廣、石敬瑭的一生，他們並非生下來就是一無是處之人，相反，前期的「閃光點」還多得很。可是，蓋棺定論，二人還是被

釘上了歷史的恥辱柱。這是一種典型的「人格裂變」現象，它在生活中普遍存在，只不過，在普通人身上更沒那麼容易顯現而已。

人格發生裂變，變因往往是慾望的驅使、地位的改變。

石敬瑭如果不是為了當皇帝，他必不至於從一個有德之人變成如此無恥之徒。他的岳父後唐明宗李嗣源，是五代十國時期少有的明君，可李嗣源死後，後唐的政局發生變化，皇帝夢在石敬瑭心中油然而生，於是，為了達到目的，他把自己人格上最隱蔽的地方亮出來了。

至於楊廣，有人認為他早年因為自己不是太子（太子是其兄楊勇），離皇位遙遠了些，所以只好克制私欲，做個好人。而一旦位居九五之尊，無所顧忌了，就為所欲為，還原了自己的本來面目。

不管是哪種情況，它都告訴我們，人是會變的，不到關鍵時刻，無法真正認識一個人的本質。

說近一點，在我們身邊，就不乏「官大脾氣長，一闊就變臉」之類的情況。很多人，隨著他的社會地位、經濟地位的提升，品行上的弱點、污點也會漸漸暴露。這個時候，說明他的人格已經開始發生裂變了。路遙知馬力，日久見人心。作為旁觀者，此時正好擦亮眼睛。

再看看在反腐浪潮中躍出水面的貪官，有多少人在事發前曾經口碑良好？不排除他們中的一些人是善於偽裝的，但更不能排除其中一些貪官在掌握權力之前並不壞，是權力打開了他的慾望之門，使他從此無法自拔。4月26日被執行死刑的原河北省對外貿易經濟合作廳副廳長兼省機電產品進出口辦公室主任李友燦，出身貧寒，沒有擔任要職之前待人誠懇厚道，頗受同事好評；而升任高位之後，

思想變了，貪欲一旦放飛就不能自控：從 2001 年 8 月到 2003 年 4 月，短短一年多時間瘋狂受賄 4744 萬餘元，在受賄數額上刷新了一項全國紀錄。

　　眾多的「教材」告訴我們，誰也無法絕對保證自己的人格不會發生「裂變」。作為普通百姓，我們的人格發生「裂變」的機會相對要少得多，可面對這些內容深刻的「教材」，在主觀上，我們還是有必要時時提醒自己克欲守節，否則，說不定有朝一日「發達」了，自己變了還不知道呢。而另一方面，在客觀上，更需要社會形成一套合理的制度，讓那些放縱慾望或身居高位的人也做不成壞事。

遙思瑞雲樓

瑞雲樓，因為它的普通，一直未能在我的印象中形成清晰的立體感。

瑞雲樓，更因為它的內涵與外表之間巨大的反差，一直在我的記憶裏留下了複雜的思緒。

時間越來越久，瑞雲樓的形象在我心裏已經越來越模糊，而瑞雲樓 500 年前的主人王陽明，卻時常讓我喟歎不已。

若干年前，我去浙江謀生，本來有幾個去處，但衝著一位與贛南大有緣分的大名人王陽明，我來到他的家鄉餘姚落腳。

陽明先生與贛南的「緣」的確不薄。在他的工作簡歷上，贛南留下了重重的一筆。西元 1517 年，王陽明擔任南贛巡撫，工作業績突出，僅用一年時間就平了數十年的「巨寇」，使贛南廣大山區的老表過上了幾年安定生活。我們贛南的崇義縣就是在他手上打報告設立的。據說，崇義從上猶等縣析出置縣後，陽明先生還多次舉辦思想道德「培訓班」，教育崇義老表要「崇尚仁義」。

贛南還是王陽明人生履歷的最後一步（而餘姚當然是其人生的第一步了）。西元 1529 年，早已調離贛南，遠在廣西從事革命工作的王陽明積勞成疾，意識到自己將不久於人世，於是匆忙向朝廷打了請假報告之後，就往老家餘姚趕路。當他們一行從廣西到廣東，翻過梅嶺進入贛南，一顆巨星終於在大餘的青龍鋪殞落。

　　1999 年 10 月 25 日，我來到餘姚剛好一個星期。在餘姚市區龍泉山附近，我頗費了些周折，才在一個不起眼的角落裏找到王陽明的誕生之處瑞雲樓。

　　出乎我的意料，這竟然只是一個極其尋常甚至堪稱破舊的院落。作為一處文物，門口沒有任何明顯標誌，市民的衣物胡亂地曬在院內外，地面髒兮兮的，還有人在這裏隨便養雞。左看右看，我看不出這裏是一家名聲在外的文物保護單位（更令人感到意外的是，以王陽明世界級思想家的身份，其故居在當時還只是縣市級文物保護單位）。

　　難道是「牆內開花牆外香」，大名鼎鼎的王陽明在自己的家鄉並未受到足夠的尊重？我只是餘姚的匆匆過客，當然不敢妄下結論。不過，我接觸的一些當地學者，倒是隱隱約約地暗示了這一看法。

　　正是因為瑞雲樓當時的尷尬外景，使我一直沒辦法寫一篇關於它的文章。如今，事隔多年，不知在我離開餘姚之後，它的境況是否大有改觀（非常希望答案是肯定的）？

　　好在，陽明先生並不會因為瑞雲樓的簡陋而掉價。

　　歷史學家黎東方評價王陽明，說他的事功比起諸葛亮來毫無遜色；他的德行與學問，上追孔孟，與朱熹相比肩。還有的學者甚至認為，王陽明是我國五千年文明史上唯一真正做到立德、立功、立言三不朽的偉大人物。思想家、教育家、軍事家、書法家，這幾個頭銜都在王陽明身上熠熠生輝。

　　然而，王陽明雖然勳業卓著，卻是人生坎坷，艱難挫折不斷，一輩子過得並不舒服。

早年，他因為得罪太監劉瑾，「下放」到窮苦的貴州龍場驛「體驗生活」的經歷就不說了。且說 1519 年，寧王朱宸濠在南昌造反，聲勢浩大，有順流而下奪取南京之勢。王陽明正奉命去福建平叛，聞訊趕回迎擊寧王，以少勝多，出奇制勝，於寧王造反的第 35 天將其活捉，挽救了明朝的國運。遺憾的是，當時的皇帝明武宗是個極其荒唐的傢伙，此人早年對自己「一步到位」當上皇帝的經歷很不滿意，一心想從基層幹起，步步高升，所以隔三岔五下文件「提拔」自己。寧王造反時，武宗好不容易逮到一個表現的機會，馬上任命自己為「威武大將軍」，帶兵前來「立功」（他當然不會掂量自己的斤兩）。結果，陽明先生雖然立下奇功，可惜「搶」了皇帝的風頭，更因此招來朝中權奸的嫉妒，所以不但評不上「先進工作者」，處境反而更加不妙。後來，他費了好大的勁與武宗身邊的太監周旋，才逐漸消除「不良影響」，總算沒砸掉飯碗。

其後多年，朝廷對王陽明都非常冷淡。直到嘉靖六年（皇帝已經換了好幾年了），廣西思恩州、田州發生叛亂，問題一直無法解決，朝廷才想到起用王陽明。王陽明到任後，不費一兵一卒而化干戈為玉帛。然而，這次「評先」仍沒他的份，反而幾乎又獲罪。不久，王陽明病故之後，明世宗還在朝廷召開重要會議研究對他死後的處分問題。

英才總是招人妒。許多身後留名的大人物，在世之時都並不「風光」，甚至受盡排擠。這真是一種莫大的無奈。隋朝開國第一功臣高熲，才高、功高，而且為人極其謙遜、低調。可是，這麼一個以天下為己任，殫精竭慮為隋朝效勞的賢臣、能臣，卻始終被來自各方的流言蜚語籠罩著，以致非常信任他的隋文帝最終也不得不

疏遠他，最後甚至冤死於隋煬帝之手。歷史上，總是不乏此類殘酷的事實。

所幸，歷史終究屬於人民，而不屬於某個權勢人物。青山遮不住，畢竟東流去。在陽明先生作古若干年之後，他在世時應當獲得的各種榮譽逐漸「回來」了（儘管有些是「遲來的愛」），特別是其不朽的學術思想，在學界迸發著強勁的光芒，影響了幾百年來中國與日本的政治家和學者。

在專制時代，一個人能否獲得肯定，更多的要聽命於「上面」，這是個人無法改變的。當歷史進入一個嶄新的時期，思想自由、開放了，人們對於與自己同時代的（特別是身邊的）卓越人物，能否不受「零距離」的干擾，既不吝提供「舞臺」，又及時足額地兌現其應有的「待遇」？這也許是一個值得思索的問題。

遙遠的瑞雲樓，其破陋並不重要，那畢竟只是物質的。

更要緊的，是偉人不死的靈魂，以及當世與後世呵護「靈魂」的一方淨土！

柳州那座祠

初到柳州，下了火車，乘計程車，問司機：「柳州有哪些歷史名人？」司機脫口而出：「柳宗元！他在這裏做過刺史，人稱『柳柳州』，柳州沒人不知道！」

柳宗元當然不是柳州人，可是柳州人卻似乎早已習慣了把他當成自己的「柳州人」。在柳州，我們發現，人們談起這個一千多年前的古人，「柳柳州」叫得仍然是那麼親切。這就不難理解，做客柳州，主人總是要請你去看柳侯祠了。我們參加 2008 年中國報紙副刊研究年會，上午開會，下午便被安排參觀柳侯祠。

柳侯祠就在繁華的柳州城區，是柳州人民為紀念柳宗元而建的，原名羅池廟，始建於唐穆宗長慶二年（西元 822 年）。現在，這一帶已成為一個占地不小的城市公園，裏面有柳宗元衣冠墓、柑香亭、羅池、賢良祠等建築，綠樹成蔭，鬧中取靜，是現代工業城市中難得的休閒好去處。主體建築柳侯祠，由儀門、中殿、後殿、東西碑廊、東西廂房組成。

走進祠堂之前，便有同行問起：刺史才多大的官，有什麼資格封「侯」？的確，論官位，柳宗元也就是一個地市級領導而已，而且是個沒上過戰場的文官，按正常的官場秩序，是夠不上「侯」的標準的。事實上，唐朝政府也沒有給他這個待遇。原來，柳宗元這個「侯」，乃是他去世將近三百年後的 1104 年，由北宋徽宗皇帝敕封的，當時叫「文惠侯」。到了南宋高宗紹興二十八年（西元 1158

年），又加封為「文惠昭靈侯」。因此，生前「行政級別」不是特別
高的柳宗元，卻有幸在長眠近三百年之後成為「柳侯」、「文惠侯」
——當然，我倒覺得，這樣的虛銜對他來說實在不算重要。

漫步在柳侯祠，導遊的解說詞已顯得多餘。一代文豪留下的值
得紀念的事物，展示起來讓人目不暇接，作為匆匆過客，我們只是
走馬觀花式邊走邊看邊忘——其實，關於柳宗元，何須具體物象來
表達？來這裏，不需要過多地看那些後人製造的實物，只要稍微感
受一下氣氛就行了。柳宗元做多大的官、掌多大的權、享受哪一級
的政治生活待遇並不重要，我關心的是，柳宗元憑什麼成為千百年
來讓柳州人津津樂道的人物，憑什麼讓外地來柳州的客人都慕名前
來踏尋他的遺蹤。

柳州是座擁有 2100 多年歷史的文化古城，這麼多年來，在這裏
做過「一把手」的何只一個柳宗元？就算他柳宗元是柳州史上最優
秀的「一把手」，也未必能吸引外地人的眼球，讓大家都來瞻仰吧？

答案其實很簡單。首先，柳宗元在柳州，是個幹了實事、好事
的「一把手」。柳宗元來柳州之前，在湖南永州工作了十年，然而，
他當時的職務只是「員外司馬置同正員」，也就是政府承認身份的
編外幹部。這種有職無位的閒官，自己的生活困難都解決不了，更
甭提管別人的事了，做上幾十年也是等於沒做，縱算有天大的能耐
也沒機會露一手，當然幹不成什麼實事了（好在他能寫文章，因此，
這十年從個人角度來說倒也沒有荒廢，他一生中的大多數作品包括
許多經典之作就是在這裏完成的）。而在柳州呢，柳宗元是實實在
在的「一把手」，他終於可以放開手腳改革弊政（解放奴婢、破除
巫術等），傳播儒學（興辦教育等），而且帶頭發展農業生產（開荒

挖井、種柑植柳），這些都是看得見的政績，都足以證明其人不是只會紙上談兵的一介書生，因而受到柳州百姓的擁戴。所以，柳宗元在永州待了十年，沒能成為「柳永州」，只在柳州幹了四年（這也是他最後的歲月，西元 819 年，46 歲的柳宗元在柳州去世），便成了「柳柳州」。

為官一任，要被世人真正記住，還是要拿政績來說話。否則，在世時個人升遷再快、地位再高、權勢再大，身後那些虛名也要「被雨打風吹去」。沒有實績的官員，即使在官方的文獻中留下了一個名字，但這個名字由於缺少生動的血肉，最終只能成為一個沒有生命的符號。

幹實事的柳宗元，更因為不朽的文章（裏面蘊藏的當然是不朽的思想與文采）成就了他身後的盛名（他生前當然也是有名的，但事情往往就是這樣：一個人活著時的才華，是不會被那些能決定他命運的上司們當作一回事的），於是，「柳柳州」便在全國叫開了，叫響了。作為柳宗元生命的最後一站，柳州也因此平添了不盡的文脈。文風影響千古，文學家、思想家、政治家的頭銜集於一身，歷史長河大浪淘沙，別說刺史、王侯，就算是「皇帝」的頭銜，也敵不過這幾頂經歷了時間考驗的帽子啊！閃爍著思想光芒的文字是真正的無冕之王，柳州即使沒有這座祠，也會因為柳宗元而閃光。

柳宗元貶到柳州時，他的好友劉禹錫同時貶到連州做刺史（這也是他第二次貶到連州）。柳、劉二人是同榜進士，後來一同擔任監察御史、一同擔任員外郎參加王叔文領導的「永貞革新」，一同被貶為遠州司馬，現在又一同被貶為遠州刺史，柳宗元深有感觸，贈劉禹錫一首〈重別夢得〉：「二十年來萬事同，今朝歧路忽西東。皇恩

若使歸田去，晚歲當為鄰舍翁。」劉禹錫回敬了一首〈答重別〉：「弱冠同杯長者憂，臨歧回想盡悠悠。耦耕若便遺身世，黃髮相看萬事休。」前些天，與贛州文友、詩人張衛民聊起這段文壇往事，有趣的是，張衛民在參觀柳侯祠後，有感於此，寫過一首〈謁柳侯祠〉：「荔子碑前思柳侯，文章德業範千秋。皇恩若許歸田去，哪得世人識柳州。」

　　是的，能在柳州做一番事業，是柳宗元的不幸之幸；能成就「柳柳州」的柳州，是座幸運之城！

孫悟空的籍貫和劉太后的宗族

看新聞，獲悉山東師範大學教授杜貴晨研究《西遊記》取得了「重大成果」：孫悟空是他的山東老鄉。杜教授這樣告訴記者：「《西遊記》中悟空的老家，東勝神洲的傲來國花果山的原型就是咱們的泰山。」報導說，經過反覆研究《西遊記》和《泰山志》，杜教授發現，《西遊記》裏面描寫的天宮、人間、地獄，都能在泰山之上找到：與書中「傲來國」對應的有泰山「傲來峰」；與「天宮」對應的有「南天門」；至於「閻王殿」，泰山自古就有「地府」的說法……甚至，泰山高老橋也被杜教授認為是豬八戒的高老莊的起源（看到這裏，筆者忍不住提醒教授：還有一個重要佐證被您忽視了呢——悟空的口頭禪「俺老孫」不也是正宗的山東口音嗎？）。

讀歷史，北宋的第一位垂簾聽政的太后劉娥讓人覺得頗有些意思。四川人劉娥出身微賤，本是一個孤女，十來歲就嫁給一名銀匠，銀匠又因為貧寒，準備將其轉讓給他人。結果，這一「轉」就把劉娥「轉」活了：她有幸進入了襄王府，大受時為襄王的真宗的寵愛，終於在多年後登上皇后寶座。成了皇后的劉娥，內心那種出身寒微的自卑感並未隨風而去，她只好「修改」籍貫，並以美差為誘餌拉劉姓高官認同宗。她先找權知開封府劉綜攀近族，劉綜不知是太清高還是腦子不活絡，硬說自己沒有親屬在宮中；劉娥又召見另一高官劉燁，想翻閱其家譜認同宗，結果也被拒絕了。

　　這兩件並不相干的事湊在一起，使我再次見識了國人深厚的老鄉觀念和本家情結。

　　印象中，為孫悟空這位「大名人」考證籍貫，杜教授還不是第一人。在這之前，就有沿海某省宣傳過悟空的老家是該省的某某山。給小說人物考證籍貫，本來就是一件「不好說」的事，給神話小說人物考證籍貫，就更讓人覺得離譜了（難怪現實生活中給文學作品「對號入座」的事會頻頻發生）。教授的鑽研精神固然可嘉，然其「研究成果」是否真有價值，本人外行，只好存疑。

　　以名人「老鄉」為榮，是人之常情，本無可厚非。20 多年前，河南人和湖北人曾經為諸葛亮的故鄉打過筆墨官司，當然，他們所爭的是真實的歷史人物，自有其研究價值。如今，連神話人物也被研究成「老鄉」，這也算是新世紀「考證學」的一大進步吧？

　　關於劉太后，史家認為，她是一位有功於宋朝統治的女政治家，才幹與政績不在其夫宋真宗和其子宋仁宗之下。可是，這麼一個相當於宋代「武則天」的女強人，竟然會屈尊認宗族，可見有頭有臉的「本家」對很多人來說是多麼重要，甚至可以說相當於「精神支柱」呢！這就不難理解，在封建社會，皇帝老兒一高興就喜歡給有功之人賜姓了。

　　拉老鄉、認本家（當然所認之人是「有為」之士），在當今絲毫不讓過去。在紛繁複雜的社會關係網中，老鄉網、本家網總是最廣又最密的一張（有部官場小說說：人在官場，沒有「背景」並不可怕，可怕的是讓人家知道你沒有背景。一語道破該「網」深刻的社會背景）。這張網上，佈滿的只是個人利益、小集團利益。大家都是明白人，這個就點到為止吧。

　　我曾經有個觀點：和西方人的「博愛」相比，中國人在某些方面的「愛」的確是比較狹隘的。怎麼說呢？我們對家鄉、對親朋往往可以多多關愛（比如，有些掌握實權的官員，利用公權為家鄉為親朋「優先」辦事，不僅很少受到譴責，反而往往獲得好口碑），對素不相識毫不相干的人呢？差別可能是兩重天。西方有些國家呢，他們在表面上連對自己的親人都直呼其名（或者客氣得如外人），甚至親兄弟明算帳，親人之間的經濟帳分得清清楚楚，吃一餐飯也是AA制，一點也看不出什麼「特別的愛」，可是他們對待外人、陌生人，也許同樣充滿著愛心（看看他們的公益事業和志願者行動就知道了）。要讓我選擇的話，我寧願不要那種狹隘的家鄉觀、姓氏觀，而希望這個世界上，愛的陽光能平等地灑在每個角落。

　　現代人追求的是人格的獨立，一天到晚攀扯老鄉和姓氏關係是沒出息的。老鄉與本家出了成績，我們為之高興、為之喝彩則無妨，但如果心生雜念，真想「不勞而獲」地「沾」別人的「光」甚至「揩」別人的「油」，那就不妥了。這樣做，自己喪失了人格尊嚴還是小事，更嚴重的是破壞了社會規則，甚至產生隱患，不可小看哪！再說嘛，古人云：「四海之內皆兄弟。」既然這樣，又何必過於計較這「兄弟」來自山東山西或者生於張門李家呢？

宋襄公之「仁」與打狗之爭

　　宋襄公是「春秋五霸」之一。西元前 638 年，宋國與楚國交戰，宋軍在泓水之濱嚴陣以待，楚軍則在渡河。宋襄公之弟目夷見此情景，提出建議：「敵眾我寡，趁敵軍正在渡河加於攻擊，一定能夠得勝。」宋襄公不同意這樣做。楚軍上岸後，正在排陣勢，目夷又建議趁敵方陣勢散亂之機攻擊，但宋襄公還是不肯。楚軍陣勢排好後，宋襄公下令進攻，結果大敗而歸，宋襄公自己也身負重傷，不久去世。這就是歷史上的楚宋泓水之戰。

　　宋襄公為何不肯採納目夷的建議？他的理由是：「君子不重複傷害受傷的敵人，不俘獲有白髮的人，不用險阻殺傷敵人。攻擊未布好陣的敵人，這種不仁不義的事我才不幹呢！」為此，目夷氣得罵他：「對於敵人，你不傷他，他會殺你，大敵當前，怎麼還能管他是否受傷、是否有白髮？你既然滿口仁義，又何必向人用兵！」

　　宋襄公的「仁義之師」結束了宋國短暫的霸業，他的迂腐被人們當作笑談。

　　講「仁義」當然是好的，但如此不分場合、不看對象，就未必正確了。東郭先生對狼講仁義，結果差點被狼吃了，這就是教訓：面對虎狼之輩，只有以其人之道反治其人之身才是明智的。宋襄公沒明白這個道理，所以吃了大虧。

　　宋襄公的故事已經過去 2000 多年了，今日重提，說起來還是因為一則打狗的新聞及其引發的議論。

《北京青年報》詳細報導了發生在今年 7 月的雲南省牟定縣「殺狗風暴」，此事亦引起全國眾多媒體的廣泛關注。事情是這樣的：6 月 23 日下午，牟定縣政府首次接到瘋狗咬傷畜禽的報告。之後，據該縣疾病預防與控制中心統計，從 7 月 1 日到 7 月 31 日，全縣被瘋狗咬傷的人數已超過 480 人，最終被楚雄州人民醫院確診為狂犬病的有 4 人，其中 3 人死亡，1 人病危。正是在這種情況下，牟定縣展開了大規模的殺狗行動，該縣 5.5 萬隻狗在數日之內斃命。

牟定縣的打狗行動引發了爭議。支持者當然很多，反對的聲音也不是個別。反對者，往往站在維護「狗權」的立場，認為狗（包括流浪狗）也是鮮活的生命，不應擊斃，而應想想其他的辦法，建立「流浪狗收容所」之類，對其進行妥善安置，云云。

有意思的是，據《北京青年報》的這篇報導，當地人普遍支持殺狗，而對此質疑的聲音則主要來自周邊縣（更遠的地方，該報記者就沒採訪了）。

「狗患」在當前並非個別現象，可以說是多數城市存在的問題（其實，農村亦然，只不過媒體更多的是在關注城市罷了），我們贛州也不例外。瘋狗連連咬人的消息，在本市媒體亦不少見，它們硬是把新聞界那句名言「狗咬人不是新聞」給否定了。說實話，有一段時間，走路都得特別小心，尤其是迎面走來一條「喪家犬」時，更得提高警惕，隨時注意它的動向。有關部門當然也組織了打狗（而且不只一次），可是由於種種原因，流浪狗至今無法絕跡。而對於打狗行動，在本市同樣存在支持與反對兩種意見，這在無形中也給有關部門增加了工作難度。

當「狗患」成災時，當「流浪狗收容所」之類的機構尚無條件成立時（這是現實問題，目前我們連「流浪人」的問題尚無法徹底解決），「狗權」真的有那麼重要嗎？「人權」受到「狗權」的威脅，還有必要學宋襄公、東郭先生們的「仁義」嗎？正如面對禽流感，我們必須殺死不計其數的（也許是無辜的）家禽，當狂犬病威脅人類時，我們不得不對街上的流浪狗進行無情打擊（如果事態嚴重，則家犬也顧不得了）。

前不久，《贛州晚報》圖文並茂地展示了有關部門的「打狗成果」。為了市民的出行安全，但願「打狗行動」能持久！

「四毛」之類

　　王躍文的長篇小說《國畫》裏面有個小人物叫四毛，是主人公朱懷鏡之妻香妹的表弟。四毛本是鄉下農民，進城找工作時和朱懷鏡一家接上了頭。後來，因為朱懷鏡靠上了皮市長，所謂「一人得道，雞犬升天」，四毛也在市政府機關大院做了個小包工頭，一年下來雖然盡搗弄些「重複建設」之類的無聊事，收入卻挺可觀。在朱懷鏡的「點撥」下，四毛前前後後「孝敬」了表姐一家 10 萬元。

　　官場風雲變幻莫測，沒想到，隨著皮市長的垮臺，朱懷鏡他們也跟著靠邊站了。此時的朱懷鏡已是市財政廳副廳長，一下子從分管預算等重要工作調整為分管機關工會和離退休工作。這邊權力剛剛沒了，那邊風流韻事又被人捅出去了，老婆香妹在家和他打起了冷戰。就在朱懷鏡跌入人生最低谷之際，家裏有人上門來了──剛剛在市政府丟了包工頭飯碗的四毛。四毛有何貴幹？他說，現在沒事做了，想在市里租個門面做生意，算了一筆數，還差十幾萬元本錢，希望表姐一家借 10 萬元給他。

　　朱懷鏡一聽就明白了，四毛是想一次性要回先後送給他家的錢，於是「真後悔自己幫了這個小人」。結果，沒討到錢的四毛，在朱家說了一些難聽的話之後才走。

　　小說讀到這裏，我登時覺得，四毛這個角色寫得太好了：這個人雖然不起眼，可在我們身邊似乎時常能見到呢！

　　《資治通鑑》第二百零八卷也寫到了一個類似四毛的人，那就是唐中宗時期的易州刺史趙履溫。趙履溫是宰相桓彥範的妻兄，桓彥範誅殺了武則天的「小白臉」張易之、張昌宗，迎立唐中宗復位後，聲稱趙履溫也參與了這次行動，唐中宗便把他提拔到中央工作，任司農少卿。為了感謝妹夫，趙履溫送了兩個婢女給桓彥範。很快，由於武三思、韋后等人的挑唆，唐中宗把桓彥範等人架空，桓彥範被免去宰相職務而封為扶陽王。結果，趙履溫馬上奪回了那兩個婢女。

　　這趙履溫，做得比四毛還出格，妹夫還沒倒臺，只是失去實權，改任級別更高的非領導職務而已，他便如此迫不及待，瞧這嘴臉！

　　四毛這類勢利小人，古往今來不計其數。你別看他們「靠」上某個具備利用價值的人物之後，出手大方，鞍前馬後俯首貼耳，事實上，一旦這個人的利用價值失去了，他的臉變得比誰都快，不但過河拆橋，把先前這個「恩公」一腳踢開，抓緊機會把自己以前「奉獻」出來的東西連本帶利索回，有必要的話還可能落井下石，置人於死地──在這種人心中，其實是毫無「感情」可言的。

　　建立在利益關係上的「感情」肯定是最不牢靠的。可笑的是，有些充當「恩公」角色的人，卻自我感覺良好，在發生「變故」之前，絲毫不能覺察這層利害關係，在職在位時一味地「賞識」、任用這種小人。表面上看，這些人對自己最「尊重」，而且自己從他們手上獲利不小，其實自己才是真正被人利用了。當自己有困難時，先前所任用的人不但不會伸出援手，甚至可能成為「掘墓人」。唐德宗年間，曾經當過宰相、後來靠邊站的大臣朱泚反叛稱帝，佔據京城長安。後來，唐德宗的部隊反攻得勝，朱泚逃離長安，來到涇州時，

節度使田希鑒不讓他進城。朱泚責備田希鑒：「你的節度使的旌節是我授予的，怎能臨危相負呢！」派人去燒城門。田希鑒倒也乾脆，取出旌節衝著城下喊：「還給你吧！」把它丟進火中（見《資治通鑒》第二百三十一卷）。這種「狗咬狗」的事，不值得同情，不值得讚賞，但值得旁觀者引以為鑒。

互相利用的「禮尚往來」，純粹是一種交易，難怪古人云：君子之交淡如水。

瞧這人貪的

　　歷史上的貪官不計其數，各有各的貪法，各有各的特色。如果哪位有興趣整理一部《貪官貪相貪術大全》之類的書，說不定很能為人們飯後茶餘提供豐富的談資。

　　有一個叫慕容評的貪官，估計沒多少人知道，其名氣比起和珅、嚴嵩之流，那是差得遠。可是，慕容評的貪法，卻別具一格，光從貪婪程度來說，堪稱「天下第一」——簡直就是要錢不要命了，儘管他的「貪績」還沒趕上東漢梁冀、唐朝楊國忠、北宋蔡京、明朝嚴嵩、清朝和珅等「巨貪代表」。

　　慕容評是怎麼貪財的？《資治通鑒》第一百零二卷有記載。西元 370 年（東晉海西公太和五年，北方則是「五胡十六國」時期），北方前秦國主苻堅派手下得力幹將王猛率軍攻打前燕。前燕太傅慕容評認為王猛是孤軍深入，可以用持久戰來對付他。可是，慕容評是個貪婪成性的傢伙，大敵當前，他不忙別的，倒是忙著封山禁泉，以便自己販柴賣水（連軍隊的飲水也不放過），從中漁利，只賺得盆滿缽滿，錢帛堆積如山。兵士們對慕容評把生意做到戰場的做法無不怨恨憤慨，因此毫無鬥志。前秦的王猛聽說了他的所作所為，大笑道：「慕容評真是個奴才，就算他有億兆軍隊也沒什麼可怕的，何況才幾十萬人！我們馬上就可以滅了他！」前燕國主慕容暐知道後，專門派侍中蘭伊前往責備慕容評：「你作為高祖的兒子，理應為宗廟國家操心才是，為什麼不安撫將士反而販柴賣水，執迷於錢財？

府庫裏的積蓄，都是你我共用的，你哪裡犯得著擔心沒錢用！如果敵人最終打敗了我們，家國全都滅亡了，你擁有再多的錢帛，又能放到哪裡去呢？」命令把他的不義之財全部發放給軍中將士。這場戰鬥，由於慕容評軍心不齊，王猛以少勝多，前燕全軍潰敗，不到一個月就宣告滅亡。

「人為財死，鳥為食亡」，貪財貪到這個地步，這句古話不就是衝著慕容評之流所說的麼？還是慕容評的領導、前燕國主慕容暐說得不錯，身居如此高位者，只要保衛了國家的安全，在經濟上根本沒什麼後顧之憂，撈那麼多錢有什麼意義？要是國家滅亡了，官位沒有了，那才是一切都成空了。這道理是很淺顯的，可是，慕容評不清楚；一兩千年過去了，仍有無數官員也像慕容評那樣沒能領悟到這一點。

看看現在的貪官就知道了。那些身居高位的貪官，一旦倒臺，動不動就說查出了幾千萬元甚至過了億，可他們有哪一個是因為沒錢花而去貪污受賄的？老百姓恐怕是永遠看不懂他們：生活條件優越，要房有房，要車有車，即使退休了還有醫療、用車等保障，平時基本沒機會親自花錢（所謂「工資基本不用」），卻還在冒著丟烏紗帽甚至掉腦袋的風險，為了那些對他們來說僅僅是符號的鈔票不擇手段，這是何苦呢？自作孽，不可活，老話沒說錯啊。

都是貪慾惹的禍。貪官們未必在走上官場（職場）之初就立下了做巨貪的「雄心壯志」。透過他們的人生軌跡可以發現，絕大多數貪官，是因為某個階段沒能控制心頭的貪慾，從此一步步走上不歸路的。也就是說，億萬不義之財，是從點點滴滴開始的，待到「聚沙成塔，集腋成裘」，貪念已經水到渠成地膨脹起來，從此就不是他

個人的意志所能駕馭的了。甚至可以說，他們已經形成了一種扭曲的病態心理，就像職業小偷看到什麼都想順手牽羊一般（儘管所「牽」的東西也許對他根本毫無用處）。

　　與慕容評相反，古時有個叫公休儀的宰相，是個真正的智者。當今的官員們如果想在金錢面前時刻保持冷靜與理智，不妨溫習一下公休儀拒魚的故事：春秋時期，魯國宰相公休儀愛吃魚，可他堅決不收人家送上門來的魚。公休儀說，正是因為愛吃魚，所以不能收人家的魚——現在自己身居高位，有一份不錯的工資，可以供自己經常吃魚；如果收了人家的魚，就得按人家的意思辦事，到時觸犯法律「下臺」了甚至蹲監獄了，可就再也吃不上魚了。

李世民的鏡子

　　「以銅為鏡，可以正衣冠；以古為鏡，可以知興替；以人為鏡，可以明得失。」唐太宗李世民關於鏡子的這句名言，讓我們知道了他是個愛照鏡子的男人。而「貞觀之治」的歷史，更讓我們知道李世民是個會照鏡子的優秀男人。

　　以銅為鏡，這是每個尋常人都知都會的，不足為奇，在此不提。

　　以古為鏡，就需要睿智了。

　　李世民從秦王成為唐皇，心裏是曾經有過陰影的。西元 626 年，唐朝開國皇帝李淵的二皇子李世民通過玄武門之變，殺死兄長、太子李建成，以非法手段謀得皇位，雖說事出有因，可這畢竟是件流血的虧心事。而就在 20 多年前，前朝開國皇帝隋文帝楊堅的二皇子隋煬帝楊廣，也正是在謀害兄長、太子楊勇之後走上皇位的，二人的情形真是何其相似乃爾。曾經是隋朝開國元勳的楊廣，登上皇位後幾下功夫就把江山玩完了。唐朝會不會像隋朝一樣成為短命王朝？作為唐朝開國元勳和唐皇的李世民，必須努力地和命運抗爭，於是，前朝隋煬帝的歷史成了一面鏡子，李世民要通過它來時刻檢視自己，以走出「宿命」的陰影。

　　讀史明智。歷代王朝的興衰，就是一部珍貴的教科書，給了李世民諸多的啟迪。善於照鏡子的李世民，因此揚長補短，雖然貴為天子，卻能主動接受朝臣的監督與批評，常常自省，克制慾望，改正缺點，終於成就一番功業，在歷史的長河熠熠生輝。

隋煬帝曾經坦言「不喜人諫」。通過這面鏡子，李世民又找到了另一面鏡子：以人為鑒。

魏徵，這大概是中國歷史上最著名的一面「人鏡」了。李世民說過：「貞觀以來，盡心於我，進獻忠言，安國利民，犯顏直諫，糾正我過失者，唯魏徵而已。」魏徵的直言，往往鋒芒畢露，然而，李世民還是耐著性子聽了（儘管有時也忍不住要罵娘），因為他是個愛照鏡子、會照鏡子的人。

以人為鏡，不僅需要睿智，更需要度量，需要誠意。

隋煬帝不肯「照鏡子」，所以他很快垮臺。歷史上，類似的事例不勝枚舉。唐朝另一個大名鼎鼎的君主、創造了「開元盛世」的唐玄宗，後來就因為厭煩了「照鏡子」，而使大唐由盛轉衰。唐玄宗「蛻變」之際，手下有兩個宰相，一個是直來直去、愛提意見的張九齡，一個是成語「口蜜腹劍」的主人公李林甫。結果，唐玄宗棄張九齡而獨寵李林甫。為了「回報」領導，李林甫這樣給唐玄宗處理「鏡子」問題：他召集全體諫官訓話，明確告訴他們，皇上需要清靜，今後誰還多嘴多舌，就沒好果子吃！正是這一招，使曾經風光無限的唐玄宗竟然晚景不堪，最終在「安史之亂」中丟了皇位。

也有的人，鏡子可以照照，但並不把它當回事。西晉開國皇帝司馬炎就是這麼一個。大臣劉毅曾經批評司馬炎連漢朝的桓、靈二帝都不如，因為桓、靈二帝賣官的錢進國庫，而司馬炎賣官的錢進私家。劉毅說得夠尖銳了，司馬炎倒也不生氣，還說：「桓、靈時沒有人說這話，如今朕有直臣，遠勝於彼了。」可是，說歸說，聽歸聽，司馬炎就是知錯不改，依然我行我素。以他這種作為，難怪西

晉的歷史會在幾十年之後迅速結束。鏡子裏照出了污點，卻並不去擦拭，照鏡子又有多大意義呢？

李世民以魏徵為鏡，這絕不是「作秀」，更不是有「把柄」落在他手裏，而是因為他有這份自覺和氣度，有聽取意見的誠意（否則，魏徵這張嘴巴哪能在皇帝面前嘮叨了十多年而不出事），有改進不足的決心（他的政績就是最有力的證明）。魏徵死後，李世民還把他樹為「標兵」，要求群臣學習他的直言。另一個大臣王珪，就因為秉直進諫而步步高升，官至宰相之位。以這樣的標準選人用人，李世民不成為優秀皇帝，歷史是肯定不會答應的！

在封建專制社會，李世民照鏡子能照到這個水平，實在是不容易了。照鏡子照出了一個好皇帝，無論是「以古為鏡」，還是「以人為鏡」，李世民這面鏡子，都值得後人好好照照。

李世民的處境（經濟版）

　　大隋集團總公司的部門經理李淵，有個年輕能幹的兒子叫李世民。那時，大隋公司的第二任老闆楊廣忙於用公款遊山玩水吃喝玩樂，而且絲毫不尊重公司董事會的意見，實施盲目擴張政策，在收購高麗公司的過程中慘遭投資失敗，致使公司效益嚴重下滑。在公司日子越來越難過的情況下，跳槽、反水的員工層出不窮。

　　面對這種形勢，年輕的李世民轉動了他那非凡的經營頭腦，決定利用老爸手上的那點本錢幹一番大事業。當然，李淵是個謹小慎微的人，面對市場風險，未必肯把這點本錢拋出來。當時，李淵和同事裴寂關係特別好，常常通宵達旦地喝酒、侃大山。李世民為了讓裴寂勸說父親同意投資，拿出了自己的幾百萬私房錢，叫人陪裴寂賭博，慢慢地把這些錢輸給了裴寂。裴寂見老同事的這個後輩出手這麼大方，心裏高興，經常和他玩，感情就越來越深。水到渠成之後，李世民圖窮匕現，提要求了。裴寂心想，如果老李家的公司做成了，自己或許可以弄個副總什麼的幹幹，於是滿口答應勸說李淵。在他們的努力下，李淵想想也是，萬一成功了，自己當個絕對權威的一把手豈不比做個部門經理爽多了？於是決定放手賭一把。

　　當時，李淵的資金並不是特別雄厚，面對激烈的市場競爭，他在加大積累的同時，還向少數民族突厥公司貸款，有效地壯大了自己的實力。

　　此後，李世民帶著一幫夥計，走南闖北，不斷開拓市場。在他的努力下，大隋公司終於宣告破產，李淵正兒八經地成為大唐集團董事長，李世民兄弟幾個則順理成章成為董事，其中的大哥李建成雖然市場業績平平，卻占到了出生早的優勢，被立為公司法定繼承人。本來，李淵剛開始投資時，因為經營思路都是出自李世民，便對他說：「如果事業成功，就應該立你做繼承人。」李世民不想壞了行規，當然表示謙讓。後來，李家的事業越做越大，李淵還有幾次想立李世民做接班人，但都被他推辭了。

　　正是在這種情況下，李世民的處境就變得尷尬起來了。李建成雖然作為接班人已經寫進了集團的章程，可他知道自己能力一般，業績平平，而且好色懶惰，在員工當中的威信比不上老二。李世民的弟弟老三李元吉也是董事，因為老是犯些小錯誤，不受董事長喜歡。於是，才能突出的老二成為老大、老三的公敵。

　　李淵晚年，因為功成名就，成了一方大老闆，寵幸的二奶三奶之類就很多了。李建成、李元吉知道這些二奶三奶們得罪不起，於是用心逢迎巴結她們。李世民是個憑本事吃飯的人，當然不願做這樣的事，平時不和她們打成一片，每次出差回來也從不給她們帶紀念品什麼的。結果，這些二奶三奶們也和李建成、李元吉站在同一戰線上，大家一起詆毀李世民。眾口鑠金，積毀銷骨，聽得多了，李淵對已是集團高管的裴寂說：「這孩子長期掌管公司經營部門，被手下的營銷人員教壞了，已經不是我當年那個兒子了。」再發展下去，李世民的處境變成了這個樣子：每當集團要開闢新市場或經營、財務有困難時，李淵總是指定李世民負責；而一旦問題解決了，李淵對李世民的猜忌就又重了一層。

　　李建成、李元吉為了削弱李世民的實力，還試圖拉攏李世民手下那幾個最得力的高級員工尉遲恭、程咬金、房玄齡、杜如晦等人。拉攏不成，便向董事長誣陷他們，將他們下放到基層，使李世民越來越勢單力薄。

　　在這種情況下，李世民那些鐵桿哥們知道，李世民面臨的選擇只有兩種：要麼奮力一博，獲得董事長地位；要麼坐以待斃，等待即將到來的下崗失業。於是，在長孫無忌、尉遲恭、房玄齡、杜如晦一干人的合謀下，李世民決定在最近召開的董事會上發難，揭發李建成、李元吉等人對集團公司犯下的種種大錯，迫使他們下臺。由於事情來得太突然，李淵措手不及，控制不了局面，為了防止集團出現大規模的罷工運動，只好同意李世民下了兩個兄弟的班（包括戶口）。會後，李淵知道自己負有領導責任，況且這份事業李世民本來就居功至偉，便乾脆主動提出退居二線，擔任名譽董事長，把董事長的位子讓給了年富力壯的李世民。

　　李世民的確是個優秀的經營者。當上董事長之前，他就帶著一幫人屢創佳績，陸續將市場上頗有一席之地的劉武周、薛仁果、竇建德、王世充等人的公司兼併。更不得了的是，當上董事長後，不可一世的突厥公司也被李世民拿下了（該公司仗著當年曾經貸款支持李淵，逢年過節要李淵送禮，而且態度非常無禮，李淵對此實在是傷腦筋但又沒辦法）。名譽董事長李淵從報紙頭條看到這條消息後，高興得在凌煙閣連夜宴請李世民並召開聯歡晚會，父子倆一個親自彈琴，一個親自伴舞，好不開心。李淵還動情地說：「我的確沒看錯這個孩子啊！」

　　後世常有人拿那次董事會的事來詬病李世民。其實，瞭解李世民當初的處境的話，就沒必要責怪人家了。一個能力這麼突出的人，不上去的話竟然在公司將失去立足之地，這是何等殘酷的事！不甘坐以待斃的李世民，除了「上去」，別無選擇，否則，他當初就不該長個那麼好使的腦袋，更不該老是把事情做得比別人更好。大唐公司這個家族式企業的體制之弊，發人深思。（筆者按：「政治版」參見《資治通鑒》第 183 卷、190 卷、191 卷、193 卷等）

宋璟的清醒

　　唐朝名相宋璟，因協助唐玄宗創造了「開元盛世」而彪炳青史。在擔任宰相之前，宋璟是廣州都督，由於為官公正、政績突出而深受當地百姓擁戴。升任宰相後，廣州官民為他豎立了一塊「遺愛碑」以示紀念。換了別人，對於這種「形象工程」高興還來不及（有的官員沒人主動立碑的話，說不定還要授意下屬如此這般呢），宋璟卻對唐玄宗說：「我在廣州沒有什麼特別的政績，現在我職位顯達，他們便來諂諛，請從我開始革除此風。」唐玄宗因此下令全國狠剎立碑之風。

　　為官者，唯有隨時保持清醒的頭腦，才不會在關鍵時刻因「犯糊塗」而毀了自己，毀了事業。宋璟在地位顯赫、身陷鮮花與掌聲包圍之時能做到這一步，不愧為賢者。

　　也許有人認為，以這件事來談「頭腦清醒」有些牽強附會。其實不然。此事固然說明了宋璟是個崇尚務實的人，但另一方面，要知道，封建社會畢竟是皇帝「家天下」的時代，這樣的政治環境，為個人立碑，皇帝寵信你時沒事，一旦他翻臉不認人或換了新君，事情就可能大大不妙了（明代那個為自己立生祠的魏忠賢就是一例）。所以，作為聰明而又正直的高官，宋璟不可能不知道這個道理。對他來說，自己的功德讓百姓記在心裏就行了，這比立什麼碑都更有價值。

　　宋璟的「清醒」當然不是限於一時一事。不妨再舉一例：隱士范知睿為宋璟寫了一篇〈良宰論〉，請人薦給宋璟（目的不言而喻了）。宋璟閱後，寫下一段批語，大意是此文頗有馬屁文章之嫌，作者若有水平的話何必私自送上，完全可以在科舉考試中一顯身手。全然不受「糖衣炮彈」之害。

　　對照宋璟，我們許多人的差距可實在是夠大了。特別是對一些領導幹部來說，對別人的恭維奉承之言習以為常，越聽越受用，久而久之，對來自各方面的「好評」就常常難辨真偽。此時，那別有用心之徒，正好可以趁虛而入，憑著這些本來很容易識破的伎倆，將領導幹部玩弄於股掌之中。《戰國策》有一篇〈鄒忌諷齊王納諫〉，說的是齊國官員鄒忌分別問妻、妾、客：自己和城北的美男子徐公相比，誰更「帥」？結果，三人都說鄒忌「帥」過徐公。後來，鄒忌親眼見到徐公，偷偷用鏡子一比照，發現自己的相貌比徐公差得遠，由此悟出：「吾妻之美我者，私我也；妾之美我者，畏我也；客之美我者，欲有求於我也。」想明了這層道理，他趕緊向齊王彙報：「與此同理，大王天天聽好話，被大家欺騙得太厲害了！」今天的各界成功人士，在聽別人大講好話之際，不妨分析一下對方是否存了「妻、妾、客」之類的心理。

　　現實生活中還有打「政治球」、「政治牌」之類的現象，也很值得玩味。筆者是一個乒乓球愛好者，業餘常觀摩一些領導幹部之間的娛樂，這時常常發現「位高球技好」的規律。其實，以筆者作為旁觀者的眼光，舉手投足間已大致判斷出競技者水平的高下，可是，因「位高」而獲勝者卻未必心裏有數。事實上，打「政治球」之類的做法只會使領導的水平停滯不前。這時，筆者不禁想起古代的一

則故事：有個國王只能拉某個重量級的弓，屬下卻將該弓的重量誇大數倍來欺騙他、取悅他，結果，國王至死都以為自己是個大力士，成為後人的笑料。

　　恭維奉承氾濫，是很容易讓人迷失自我的，更會使人因認識不到自己的不足而無法長進（嚴重的還會埋下讓人犯錯誤的隱患）。這不僅對成功人士如此，對普通群眾也是一樣的。有鑒於此，我們必須大力倡導求真務實之風，狠剎阿諛奉承之風，時刻對自己、對形勢保持清醒的認識，身居高位者尤其應當如此！

李白的理想

說到中國文學，不能不提唐詩；說到唐詩，更不能不提李白。

李白是中國文壇的「超人」，因詩而位列「仙班」──「詩仙」，這是何等高貴的榮譽。

然而，李白的理想，並不是做一名詩人，哪怕是成「仙」的詩人。跟中國歷代文人一樣，在「紅黃黑」三道中，李白發自內心的選擇還是「紅」道，用現在的話來說，李白的理想是當一名公務員。

唐朝是中國最重視文學的朝代之一，因此換來了文學藝術的繁榮。李白以其文名得到唐玄宗的賞識，有幸進入「中央機關」工作。那時的李白，春風得意，躊躇滿志，「仰天大笑出門去，我輩豈是蓬蒿人」，以為「治國平天下」的遠大理想很快就要實現了。然而，現實卻令他大失所望，唐玄宗雖然對他不錯，但完全無視他的政治興趣，根本無意在政治上對他進行栽培，而只是讓他「供奉翰林」，做點吟詩作對的閒差（相當於「事業編制」）。

沒有獲得「公務員」身份的李白樂不起來了。後來，他索性辭職不幹，遊遍中國，寫下了大量的瑰麗詩篇，但一直沒放棄當「公務員」的念頭。安史之亂中，李白投靠永王李璘，原以為建功立業的機會到了，豈料永王后來因為「理想」大了點，成了唐王朝的「現行反革命」，其兵敗身死之後，李白也被朝廷判死刑，後經郭子儀解救，才改判流放夜郎。

　　詩仙李白窮其一生未能實現自己的理想。所以，在中國正史當中，李白因為沒有行政級別，無論是《舊唐書》還是《新唐書》，都只在次要位置給了他簡單的幾筆。

　　李白以及新舊《唐書》的編撰者也許都沒想到，歷史其實也愛開玩笑：正史記載簡略的李白，後來卻因為他寫詩的業餘愛好，其知名度和影響力都遠遠超過了絕大多數在正史占了重要篇幅的高級「公務員」（包括帝王級別者）。李白若有在天之靈，不知是否對此感到欣慰？

　　李白想當「公務員」的心態，放在中國歷史上來說，一點也不奇怪。受儒家思想影響，所謂的「紅黃黑」三道，「紅」（從政）歷來是中國文人的首選。「黃」（從商）為文人所不屑，而「黑」（從文）呢？表面上看很重要，其實根本不能和前二者相提並論，它充其量是「紅」的附庸。中國封建社會的文人並未把「從文」當作正事，漢朝文學大家揚雄就說過，做文章是「雕蟲小技，壯夫不為」。儘管後來的曹丕說了些為「黑」道挽回面子的話：「蓋文章，經國之大業，不朽之盛事。」但這並不等於文學可以和政治相提並論，如果叫曹丕別當皇帝，做個專業作家，他肯定不幹。

　　正是因為這種「大環境」，中國封建社會雖然湧現了大批傑出文豪，但是沒有職業文學家。李白如此，杜甫、白居易亦然。後來的曹雪芹、蒲松齡，也是因為仕途失意，才在無意中成為傑出小說家的。文章憎命達，詩窮而後工，這話真是說絕了。

　　若以一時一地而論，「紅黃黑」三道，「紅」者有權，「黃」者有錢，這些至少可以讓人過上安逸舒適的生活，相比之下，「黑」道肯定要吃「眼前虧」了。而若從長遠來看，則「黑」道的生命力又遠

勝於前二者。權傾一時也好，富甲一方也罷，百年以後權力、財富都煙消雲散化為烏有，而作為精神產品的文化，其影響力則綿綿不絕，代代相承。據說，在美國人那裏，「紅黃黑」三道各有其不同的價值觀與遊戲規則，三者互不攀比，從業者各得其樂。在我們國家呢？前不久有人在廣州市作了一次隨機抽樣調查，結果顯示，廣州青年心目中最理想的職業，高居榜首的乃是「黨政機關幹部」（有意思的是，前些年這個職業在那裏好像並不怎麼受人青睞）。經濟發達地區尚且如此，其他地方可想而知。還有，從這幾年公務員考試取代高考成為「中國第一考」、「公務員」被人們稱為「最後一個金飯碗」的現狀，我們也可以明顯感覺到，傳統的「官本位」思想依然是社會主導思想，價值取向多元化的時代還沒真正來到。

康熙的另一種「仁慈」

　　清聖祖康熙無疑是中國歷史上的優秀皇帝之一，論綜合素質，排名可進入「前五強」。這個在位時間最長的封建皇帝，一生做了不少大事、好事，但是有一點卻無論如何該稱為瑕疵：對貪官太「仁慈」。

　　康熙雖然英明，可手下的貪官卻也不少，而且，康熙明知其貪卻並不嚴懲。

　　清朝最大的貪官是乾隆年間的和珅。康熙朝的明珠，則堪稱和珅的老前輩。明珠是「大學士」級的幹部（相當於以前的宰相），手上掌握了人事大權，並善於利用這個權力，於是，地方上總督、巡撫、布政使等高級職位出現空缺時，便是明珠大發其財的好機會。為此，明珠擁有了堆積如山的財產。

　　明珠的罪行被揭發後，康熙竟然「不忍加罪大臣」，先是把他作了撤職處理，沒過多久，換個職務，依然讓明珠在朝中佔據高位。明珠的黨羽如余國柱、徐乾學之類，都是不折不扣的大貪官，本來完全可判死刑，可是康熙對這些人一概從輕發落，頂多是追繳其贓銀，而並不繩之以法（對余國柱甚至連贓款都未追繳）。

　　對於貪官，康熙「仁慈」得讓後人感到不可思議（倘若康熙是個昏君，倒沒什麼奇怪，問題正是因為他是一代明君）。我想，他可能認為經濟犯罪行為不會危害自己的統治，所以樂得做個大好人（對於「政治犯」，歷朝統治者當然向來毫不手軟）。如此說來，康熙到底還是沒有把百姓的利益真正擺在第一位。對百姓來說，貪官是比

政治犯更可憎的，因為他們所撈取的正是百姓的血汗。縱容貪官而漠視群眾利益，這也可稱為康熙的短視行為（其實，經濟犯罪一樣會危害國家安全）。

現在時代不同了，社會進入了法治時代，國家也不再是某一家人的。法治時代的各級領導幹部和執法者，當然不能學康熙的這種「仁慈」，而應嚴格依法辦事，做到執法必嚴，違法必究。特別是對有一定職務的犯罪人員，更不能隨便「寬容」，「不忍加罪」。要知道，「放」過了幾個貪官，雖然看似事小，卻損害了廣大群眾的利益和國家利益，更損害了法律的尊嚴，長此以往，法將不法，禍害大焉。

執法必嚴，違法必究，事實是否真的有這麼理想呢？未必。當前，法院判決中的「緩刑濫用現象」就很值得一「品」。據報載，近年來，法院對職務犯罪案件判處免予刑事處罰、適用緩刑的比率，從 2001 年的 51.38% 遞增到 2005 年的 66.48%；尤其是瀆職侵權案件判處免予刑事處罰、適用緩刑的比率，從 2001 年的 52.6% 遞增到 2005 年的 82.83%（見 2006 年 7 月 26 日《信息時報》）。山東省某市轄區檢察院最近 5 年查辦的職務犯罪案件被法院作有罪判決的被告人共 143 人，而其中適用緩刑的有 79 人，免予刑事處罰的有 23 人，二者共佔有罪判決人數的 71%！此外，加上假釋氾濫、監外執行氾濫，這些不正常現象似乎正在共同為違法人員構建一個舒適的「避風港」。

還有一種情況，相信廣大群眾也是「看在眼裏」的：許多大貪官，已查實的貪污受賄數額大得驚人，於情於法都足夠死上幾回了，可最後的結果，卻往往讓人們失望，失望得不再把腐敗分子落網當作好事。

　　對腐敗分子網開一面，是否起到了扼制腐敗的效果？這根本就是一個不需要回答的問題。

　　還是回到康熙身上來吧，大奸臣明珠被康熙「免予追究刑事責任」，換個位子繼續當官之後，並未洗心革面重新做人，真心回報領導的大恩大德。相反，他不但繼續坑害了若干賢臣，而且挑起了康熙與太子及眾皇子之間的矛盾，直弄得「康師傅」「清君難斷家務事」，後院起火，煩不勝煩，真是活該。

東方朔的「自我批評」

　　西漢的東方朔是歷史上有名的智者和幽默大師。在一個大熱天，漢武帝下令給大家發「福利」（鮮肉若干斤）。東方朔的部門領導遲遲不來，東方朔怕時間過久肉要變質，就自己拔劍割下一塊送回家去。部門領導當然不高興，就向漢武帝反映東方朔目無組織紀律。次日上班，漢武帝要東方朔檢討一番。東方朔倒也爽快，「自我批評」道：「東方朔啊東方朔，你受賜不待詔，何其無禮也！拔劍割肉，又何其壯也！割之不多，又何其廉也！回家交給妻子，又何其仁也！」直逗得漢武帝龍顏大悅，結果不但沒扣獎金，還另外受到酒一石、肉百斤的獎勵。

　　東方朔式的「自我批評」，在現實生活中比比皆是。比如說，領導就自己的工作向下屬徵求寶貴意見，下屬當然不好說，但又不得不說一點，這時也許就乾脆如此這般：「領導什麼都好，就是有一點俺有意見：不注意休息！——俺經常看到您下班時間還在工作，長期這樣下去，影響了健康，豈不是單位的一大損失？」又比如，單位舉行某項學習會，要求大家剖析自己，亮出缺點以期整改，這時，對許多人來說，真正的缺點當然不肯說，於是只好以這樣的內容來充數：「馬列主義理論學習比較欠缺，主要表現為讀原著不夠。」——這也難怪，其「原著」是用德文、俄文等寫成的，對一般人來說，想讀也讀不懂，實在不宜要求過高。

　　批評，不管是對別人還是對自己，都不是一件容易的事。批評需要勇氣，接受批評同樣需要勇氣。在很多時代，社會上未必有良好的輿論環境、批評氛圍。在這種情況下，批評別人，不但可能使自己陷於孤立，更有遭打擊報復的後患；自我批評，又可能授人以柄，中了「引蛇出洞」之計，最終變成搬起石頭砸自己的腳。批評的難處，真是一言難盡。於是，機智靈活的人如東方朔者，為了好好地保護自己，就「巧妙」地把批評與自我批評轉化成了「表揚與自我表揚」，或者索性保持沉默。相比批評而言，表揚當然是更有市場的，往往是說者輕鬆愉悅（沒有思想負擔嘛），聽者心情舒暢（多爽啊），取得皆大歡喜的偉大成果。你看，上文所說的東方朔老先生，搞個「自我表揚」尚且狠狠地賺了一把，如果是主動出擊表揚別人，其收穫豈非更加可觀？

　　我們當然不反對講究批評藝術。批評如果也能做到「潤物細無聲」，去疾於不知不覺間，那當然功德無量，善莫大焉（可惜，事實上不知能否完全做到）。我們應當擔心的是，批評如果都「藝術化」為「表揚」了，是否會混淆二者的界線，讓人無法分清其指向（如果真的如此，這樣的「批評」當然是徒勞無益甚至有害的了）。還有，在「泛表揚」的大環境下，批評者是否會因此失去說真話的勇氣，受批評者是否會削弱對批評的心理承受能力，退化為內心只能裝下表揚而一碰批評就過敏。

　　《老子》云：「信言不美，美言不信。」批評之言雖然不中聽，但未必是壞東西，這道理大家都懂。接受批評，也有個心理適應過程。批評氾濫，容易使人導致逆反心理，產生超常的「抵抗力」，從此「萬批不侵」，什麼意見也聽不進，聽了也堅決不改。批評缺失，

又容易使人「抵抗力」先天性不足，一聽「逆耳」之言就脆弱得引起不良反應，以致產生過激行為。所以，對待批評，把握「火候」還是很重要的，它需要人們擁有成熟的心靈。同時，我們又應當認識到，批評是一種責任，畢竟，無論是批評還是自我批評，都是「治病救人」的一劑良方，是正常社會不可缺少的一種聲音。批評的原則不能丟，東方朔式的「自我批評」，開開玩笑是可以的，在正經事情面前，還是讓表揚與批評涇渭分明為好。這就需要社會形成提倡批評、鼓勵批評、保護批評的氛圍，使人與人之間可以放心地坦誠相待。

洪承疇的「壯烈」

明朝末年，遼薊總督洪承疇在松山戰役中被清軍俘獲，押送到清都盛京。此前，洪承疇與部下曹變蛟、王廷臣等共同表達了寧死不屈的決心。曹變蛟、王廷臣等人一起被俘後，果然不屈而死。消息傳到明都北京，滿朝文武都以為洪承疇已壯烈報國，崇禎皇帝深感悲痛，親自主持召開隆重的追悼會，設祭壇致祭。追悼會快要結束時，前方傳來了令崇禎尷尬不已的情報：洪承疇還活著，而且已降清。

原來，洪承疇剛到盛京時，的確有過以身殉國的想法。清太宗先後派了多人前去勸降，都被洪承疇罵回。後來，有個叫范文程的漢官，發現洪承疇在和他交談時幾次用袖子拂去衣服上的灰塵，於是斷言連衣服都很愛惜的洪承疇肯定會更愛惜生命。知道這個「祕密」後，清太宗加大「攻勢」，果然如願以償「拿下」洪承疇，為清軍入關和南下找到了一個「好嚮導」。

洪承疇讓崇禎鬧了個大笑話，後來，民間也有多種版本傳洪承疇的笑話，大意是：抗清義士某某被俘後，洪承疇前來勸降（或審訊），義士大罵：誰不知道洪大人是大明大名鼎鼎的烈士，你這個冒名頂替的小人真不要臉！直罵得他灰頭土臉。

洪承疇如果不表現他那不夠火候的「壯烈」之情，而是直接降清的話，未必會招來那麼多的閒話。歷史上各朝都有降將叛臣，狠招非議者卻並不多。洪承疇的同事祖大壽，兩次降清，不僅未獲罵

名，甚至得到人們的同情。洪承疇錯在哪裡？錯就錯在言與行前後反差太大，一時愚弄了明朝君臣，讓人們產生上當受騙的感覺（後來的事實證明，他不僅降了，而且為滿清立下了汗馬功勞，似乎全然忘了當年在明朝所受的「皇恩」）。

另一個比洪承疇的名聲更臭百倍的歷史人物秦檜，也有類似的表現。說起秦檜，人們想到的是屈膝求和的投降派、殺害岳飛的劊子手，卻不知，這只是他在南宋期間的表現。在北宋年間，擔任御史中丞的秦檜，卻是個反對割地求和的主戰派。他的同事們想不到的是，這個「主戰派」在北宋滅亡那年君臣集體被俘之後，很快投降金國，並作為「內奸」被派往南宋朝廷，最終協助金國毀了南宋的「長城」。

洪承疇、秦檜他們的變化，讓人們知道了判斷一個人的本質絕對不能僅憑一時的「豪言壯語」。言行脫節是一種常見現象。比如說，面對歹徒的匕首，你會毫不畏懼地迎上去和他搏鬥嗎？面對熊熊烈火，你會奮不顧身地衝進去救人嗎？在這樣的問題面前，有些人，平時說得慷慨激昂，上了真場卻溜得比誰都快。這種情況在假話盛行的年代尤其突出（在這種環境下，講假話不用負責任，講真話卻要吃眼前虧）。在太平盛世，「豪言壯語」特別容易迷惑人，因為少有檢驗這種語言的機會。所以，對待這種東西，最好還是聽則聽耳，千萬不要完全當真，畢竟關鍵時刻還是得靠行動來檢驗其真偽（否則，說不定就會像崇禎那樣上當呢）。

最近聽朋友說了這麼一件事。某個貪官在即將「出事」時，為了臨時「補課」學點法律知識，找了他的下屬——反貪局長「談心」。反貪局長試探著問領導到底有沒有什麼問題，該貪官斬釘截鐵地

說：「我可以用人格擔保：我絕對沒有任何問題！」而事實上呢，該貪官事發後，查出來的問題超出人們的猜想。你看看，到了這個時候，該貪官還能鎮定自若（頗有臨危不懼的大將風度），說得如此絕對而一點也不臉紅（毫無做作的破綻），這樣的人如果多起來，我們該怎麼信任別人？難怪，一些平時口碑不錯（其實當然是掩飾得好）的貪官被抓後，人們往往發出驚呼：連某某某都是騙人的，這世道，還有誰的話可信?!

　　既要做婊子又想立牌坊，世上哪有這麼便宜的事？做人，還是坦率些好，哪怕品行有污點，也強過那欺世盜名的偽君子。

戈登的「傻勁」

在一般的教科書裏，英國人戈登作為「洋槍隊隊長」，是清廷的幫兇、鎮壓太平天國運動的劊子手，典型的反面人物一個。可是，有一件事，卻可以讓我們重新認識一下這個人。

戈登在擔任常勝軍（即「洋槍隊」）首領時，年方三十出頭，是英國陸軍少校。不久，他在李鴻章的指揮下，圍攻太平軍鎮守的蘇州。蘇州太平軍將領郜雲官等與清軍將領程學啟祕密洽商投降，戈登作為雙方的保證人，保證清軍不殺降兵降將。然後，郜雲官等人殺了蘇州主帥譚紹光降清。

沒想到，李鴻章、程學啟拿下蘇州城後，很快翻臉不認人，將郜雲官等兩千多名太平軍將士全部斬首。這些人算是白死了，卻氣壞了「老外」戈登。他認為李鴻章他們「殺降」是背信棄義，氣憤得要找李鴻章和程學啟拼命，並想奪回蘇州城交還給太平軍。

在有關人士的調解下，李鴻章親自哭祭郜雲官等人（算是賠罪吧），戈登才因為胳膊扭不過大腿，勉強作罷。戈登的做法，上海租界和英、美、法等國的輿論均表示同情。

有意思呀！一個外國人，為了戰爭中的「信義」，不惜與上級翻臉，而且，後來清廷為了安慰他，賞他一萬兩銀子與一品頂戴，他也不要，的確有個性！

戈登這股「傻勁」，大有可愛之處。

　　國人常以為誠信是我們這個民族的傳統美德（還有其他很多美德，也常有人誤以為是我們的「專利」），其實，別的民族何嘗不把誠信奉為美德（還有那許許多多的美德，又何嘗不是人類的共性）。在圍攻蘇州的這場戰爭中，戈登對信義的尊重，就超出了我們的同胞（也許，憑這一點就註定了戈登只能當一名軍人而成不了政客）。

　　誠信是美德，這話絕對沒錯。中國傳統的「三綱五常」中，信、義就是其中之二「常」，可見其在人們心目中擁有何等重要的地位。所以，從理論上來說，背信棄義應當受到道德的唾棄。可是，很多人說歸說，做歸做，偏偏要打著誠信的旗號大幹不信不義之事。不說別的，單說這些年如雨後春筍般冒出來的眾多商家，哪個不是成天把「誠信」二字吊在嘴上？可另一方面，卻又有多少人是真正地把「誠信」當作產品、企業的生命力看待？說不定，對某些商家來說，在巨大的利潤面前，誰把「誠信」當回事，誰就會被人當成傻瓜呢。

　　這話並不是對商家有成見，而是有事實為證。據世界貿易組織等機構提供的資料，自 1990 年以來，全球假冒商品的貿易額增長速度是全球貿易額增長速度的 3.2 倍，假冒偽劣現象已成為「僅次於販毒的世界第二大公害」。而在國內，從上世紀 80 年代末開始質量監督檢查以來，我國每年都有打擊假冒偽劣商品的活動，但假冒偽劣現象仍然屢禁不止。加上欠帳賴帳、偷稅騙稅、違背合同、虛假廣告等無視信用的行為，它們成了嚴重影響經濟發展的第二大因素（僅次於腐敗）。據報導，我國每年因逃廢債務的直接損失達 1800 億元，因造假販假造成的損失至少 2000 億元。因此，企業失信的問題被學者稱為中國市場經濟的「敗血症」。

人們常說：老實人不吃虧。類似於許多「勵志名言」，此話只能信一半。沒吃過虧的老實人當然有，大吃其虧的老實人卻也不少（而且吃的可能是「啞巴虧」）。目前的社會機制，無法讓所有的欺騙者、失信者受到應有的懲罰，自然也就無法使所有的因守信而被騙、吃虧的人得到應有的彌補。正是因為如此，有些打心眼裏看不起「信義」的人，就可以放心地大行不義之事了。

當背信棄義之事屢屢發生，當背信棄義之舉得不到懲罰（哪怕是道義上的指責），誠信就將越來越被人們看輕，講誠信的人就真的成了人們眼中的「傻帽」。當不講誠信成為社會盛行的潛規則，講誠信的人就必定吃虧。這不能不說是社會的一大悲哀。

我相信，崇尚信義的人還是占了大多數，所以我認為，戈登的這個「傻勁」值得一提。

鍾紹京的「曇花一現」

　　西元 710 年（唐睿宗景雲元年）農曆六月初二，唐中宗的皇后
韋氏想效法婆婆武則天過把「女皇癮」，下毒害死了唐中宗。唐中宗
的弟弟李旦（即唐睿宗）是個老實人，但他的兒子臨淄王李隆基卻
不甘心韋氏奪走李家的天下。李隆基和他的姑姑太平公主、西京苑
總監贛縣人鍾紹京（現在成了興國縣人）等謀劃剷除韋氏集團。此
事基本上是李隆基具體操辦的，李旦事先毫不知情。鍾紹京的職位
當時不算高（從五品），放在平時，李隆基這個層次的人肯定沒把他
放在眼裏，但這時李隆基身在宮外，要混進宮中，需要鍾紹京幫忙，
當然要對他相當客氣了。雙方說好了在鍾紹京的住處集合。據《資
治通鑒》第二百零九卷記載，鍾紹京一度產生後悔之意，想拒李隆
基於門外，倒是他妻子許氏更有膽識，勸他要堅定革命意志，將此
事堅持到底。六月二十日晚上，他們動手了，鍾紹京帶領二百多名
工匠，手持斧頭、鋸子加入戰鬥，攻入宮中，將韋后一夥消滅。天
亮後，李隆基出宮將此事告訴父親李旦，把他感動得不行。

　　韋后毒死中宗後，不敢立即稱帝，立了個過渡皇帝李重茂（溫
王）。六月二十一日，鍾紹京被任命為守中書侍郎，二十三日，又被
任命為同中書門下三品，這個職位就是今人常說的「宰相」了。二
十四日，李重茂把皇位「讓」給叔叔李旦，當回了他的溫王。鍾紹
京則被任命為中書令（也是宰相）。然而，按《資治通鑒》的說法，
鍾紹京年輕時曾擔任過品級很低的司農錄事一職，一旦掌握朝政大

權，任意行賞施罰，朝廷百官都對他有意見。於是，太常寺少卿薛稷勸他自己打個辭職報告以息事寧人，鍾紹京聽從了。薛稷便對唐睿宗說：「鍾紹京雖然立下了大功，但畢竟平時沒什麼才德，現在一下子提拔到宰相高位，恐怕會對朝廷的威信造成不良影響。」唐睿宗想想也有道理，二十六日，把鍾紹京降為戶部尚書，不久又下放到蜀州擔任刺史。《資治通鑒》第二百一十一卷又提到：唐玄宗開元二年（西元 714 年），有人告發太子少保劉幽求、太子詹事鍾紹京有不滿言論，玄宗下令將二人交給紫微省審訊。還是姚崇等人勸諫玄宗說：「他們都是功臣，現在突然擔任沒有實權的閒職，心裏有點鬱悶是人之常情。」於是，鍾紹京被貶為果州刺史。同年，「果州刺史鍾紹京心怨望，」因為心懷不滿，又被貶為溱州刺史。

　　鍾紹京作為贛南人氏，是江南第一個在全國性政權登上宰相高位的人（比知名度大得多的廣東人張九齡早了二十多年），儘管由於種種原因，在學界沒有引起足夠的重視，但在贛南，還是具備相當影響的。遺憾的是，我們這位鄉賢，在相位的時間滿打滿算僅僅四天而已（從六月二十三日至二十六日），然後就江河日下，越當越小，真是「曇花一現」般的政壇明星。

　　鍾紹京為何這麼「背時」？史書所說的「濫用職權激起公憤」也許是一方面的原因，但肯定不是主要的。如果皇帝堅持要用他的話，不要說僅僅是出身不高、任意賞罰，即使他違法亂紀，也照樣能當下去（這樣的人多著呢）。更關鍵的原因，我看還是因為在沒有堅強「背景」的情況下，提拔得太快，而自己的能力又偏偏適應不了官場的遊戲規則。

　　鍾紹京和李隆基他們並沒有什麼很「鐵」的關係，在密謀剷除韋后之前，交情未必能深到哪裡去，至少不是「四同」過的「死黨」。沒有先天性的關係網，自己的「適應」能力又一般般，在論資排輩的年代，在勾心鬥角的官場，僅憑一時立功這樣的偶然因素一下子登上高位，怎麼可能坐得穩呢？

　　我們再來看看李隆基的情況。李隆基立下這個大功後，唐睿宗的嫡長子宋王李成器為了讓父親立李隆基為太子，「涕泣固請者累日」，接連哭著請求了好幾天。李隆基當然也很客氣，專門上表請求將太子之位讓給大哥李成器，但唐睿宗沒有答應。這一點，也許是唐睿宗、李成器吸取了唐高祖年間太子李建成的教訓，不願再出現「玄武門事變」。後來，唐睿宗把皇位讓給李隆基，李隆基的能力果然不同一般，前期幹得相當出色，簡直可比唐太宗。和鍾紹京相比，李隆基的成功，一是有良好的人際關係，二是本身能力確實超過其他兄弟（否則，上去了也可能會被撞下來）。

　　一個人要真正走向成功，光靠偶然的機遇恐怕是不夠的，打鐵還得自身硬，練就一身扎實的「內功」是相當重要的。鍾紹京真正不朽的是他的書法藝術才華（當年他正是因為書法上的造詣而得到武則天的器重，由此做了一名「業務幹部」），走上官場，或許只能說是命運給他開了個玩笑。

賈充的「後顧之憂」

　　晉武帝司馬炎的寵臣賈充，早在曹魏時期，便是司馬炎之父司馬昭的心腹，曾經果斷地幫司馬昭除去了當時的魏國最高領導──魏帝高貴鄉公曹髦，為司馬氏日後奪取政權立下了大功。司馬炎成為司馬昭的太子，賈充也起了很大的作用，所以，司馬炎即位後，賈充更加受寵，高居宰相之位，而且成為司馬炎的兒女親家。

　　據《資治通鑑》記載，賈充「為人巧諂，朝野惡之」──用後人的話來說，簡直是全國幹部群眾的公敵了。侍中裴楷曾經對司馬炎說：「陛下之所以比不上堯、舜，就是因為朝廷中還有賈充之徒。」這話說得夠嚴重了，然而，司馬炎是個能聽批評之言但堅決不改正的君主，說了也是白說。

　　有意思的是，賈充壞事做絕，到了晚年卻有一樁心病。《資治通鑑》第八十一卷載：晉武帝太康三年（西元 282 年），魯公賈充年邁病重，晉武帝派皇太子去看望他。賈充對自己死後的諡號以及修史者對他的記載很是憂慮，他的侄子賈模說：「是非之事日久自見，是無法掩蓋的。」不久，賈充死了，有關部門商議給他定諡號之事，博士秦秀認為賈充違反禮法，沉迷私情，開了朝廷敗壞變亂的根源，按照諡法規定，應當封諡號為「荒公」。可惜這個建議沒獲得司馬炎的批准，司馬炎為了關照這個親家公，拋棄「原則」，將賈充的諡號更改為「武」。

　　賈充的「後顧之憂」，現代人不一定能理解，這就需要瞭解一下中國古代的諡號制度。諡號始於西周，是對死去的帝王、大臣、貴族(包括其他地位較高的人)按其生平事蹟進行評定後，給予或褒或貶或同情的稱號（相當於蓋棺定論）。諡法制度有兩個要點：一是諡號要符合死者的為人，二是諡號在死後由別人評定並授予（即「行出於己，名出於人」）。君主的諡號由禮官確定，由新即位的皇帝宣佈，大臣的諡號則是朝廷賜予的。諡法規定了若干個有固定涵義的字，大致分為表揚、批評、同情三類。從「理論」上來說，獲諡者無法控制後人對自己諡號的評定。事實上，在早期，人們執行諡法還是較嚴格的，甚至連皇帝也左右不了（據說，曹操就很想自己的諡號為「文」，可是後人偏偏不買帳，讓他做了「武帝」，倒是他兒子曹丕成了「文帝」）。從這個意義來說，這也是一種「輿論監督」機制，有的人在位時作威作福，可兩腿一伸，權力沒了，就不知道後人對自己是怎樣的評價了。賈充的擔心，正是由於自己在有生之年無法控制「諡號」，生怕「遺臭萬年」。當然，人治社會的「產品」畢竟「保質期」有限，後來，諡號也經常受到權力的干預（司馬炎的上述做法便是一例），「溢美」傾向就越來越明顯了，有的根本就是絕妙的諷刺。

　　賈充這人雖然不做好事，不過，看在他竟然會為諡號擔心的份上，我倒覺得這人還沒有完全壞透，至少在心裏尚存一絲廉恥感。真正壞透了的人，才不管死後別人怎麼評說呢！而這種人，因為無所顧忌，更是什麼事都幹得出。

　　古人說，頭頂三尺有神靈，說的是要對神靈有敬畏感。換一種脫下迷信色彩的說法，其實，是勸人要敬畏良心，積極向善。一個

良知未泯的人，即使誤入歧途，也是還存在挽救價值的（當然，還要看是否有挽救的機會）。而如果這個人根本無視輿論的力量，打心眼裏漠視道德，不在乎別人對自己的惡行所發的議論，那麼，這個人基本上就無可救藥了。

世界上什麼東西最重要？我以為是臉皮。其實，許多人行事之所以不敢為所欲為，不僅是因為有法制的約束，更重要的是「臉皮」在管著自己。而「臉皮」的支撐者，其實就是「道德良心」。因為顧及「臉皮」，所以不做違法亂紀之事，不做踐踏人格之事，不做傷天害理之事。「有志者，事竟成」這句話是不一定成立的，相對而言，我倒覺得「撕下臉皮者事竟成」的「成功率」更高些。一個人一旦撕下臉皮，無所顧忌，什麼事情會幹不成呢？想發財，一天到晚坑蒙拐騙，從熟人、朋友騙起，或者到鬧市區強討，都很容易來錢，何況還有我等平凡人一輩子也想不出的更高明的點子？想當官，把人格踩到腳下，一門心思去巴結鑽營，總有一天能「感動」上級而「步步高升」的。如此一來，人們還有什麼事情不敢幹，世上只怕只剩下「惡」，不再有「善」矣！

還好，連賈充這樣的人都在乎身後事，對「輿論」有所畏懼，可見，世上絕大多數的人，還是把「臉皮」看得無比高貴的，否則，這個世界豈不是太可怕了？

周世宗的缺憾

　　洋洋數百萬言的編年體史書《資治通鑒》讀起來並不輕鬆，特別是讀到後面（唐末、五代十國時期），更是一件苦差事，簡直讓人看得打瞌睡。在這一兩百年的亂世中，王侯將相如走馬燈般粉墨登場，讓「觀眾」看得眼花繚亂，而一番「表演」之後，能給人留下深刻印象者卻鮮有其人──這段歷史，就像一場不入流的編劇搗弄出的蹩腳戲。當這部歷史巨著接近尾聲時，它的最後一個主角周世宗卻讓人眼前一亮──這也是該書最後一個值得圈點的人物了。

　　周世宗柴榮是五代十國時期後周太祖郭威的養子（所以也叫郭榮），其生父乃郭威的結髮妻子柴皇后之兄柴守禮（此人其實並不「守禮」，倒可能是個地痞無賴之類的角色，《資治通鑒》第二百九十三卷提到，柴榮成為皇帝後，退休老幹部柴守禮和一些退職高官及在職將相的父親在洛陽橫行霸道，老百姓沒人敢惹，稱其為「十阿父」；柴守禮還因為意氣用事而殺人，官府不敢追究，周世宗也只好充耳不聞）。郭威、柴榮都是貧下中農出身，所以深知民間疾苦，一旦掌權，知道怎樣做事才能讓老百姓擁護。特別是柴榮，成為皇帝後，獲得的評價很不錯。司馬光在拿他和五代時期另一個能力較強的帝王後唐莊宗相比時，說：「世宗以信令御群臣，以正義責諸國……其宏規大度，豈得與莊宗同日語哉！《書》曰：『無偏無黨，王道蕩蕩。』又曰：『大邦畏其力，小邦懷其德。』世宗近之矣。」（見《資治通

鑒》第二百九十四卷）說他接近《尚書》所說的那個標準了，可見
評價之高。

　　然而，能幹如斯的周世宗，卻在當了六年皇帝之後，壯志未酬，
英年早逝（年僅三十多歲）。按照周世宗自己的人生規劃，他還有許
多大事要做（包括統一全國）。如果不是死得太早的話，以他的能力，
在當時之世，統一的大任的確很有可能落到他頭上。可是，歷史畢
竟無法假設，後人只看到，柴榮的部下趙匡胤撿了個現成便宜，在
周世宗的政績基礎上，建立了中國歷史上另一個主要朝代宋朝。而
僅當了數年皇帝的周世宗柴榮，卻因後周的歷史過於短暫，在後世
的知名度遠遠比不上宋太祖趙匡胤。

　　周世宗的死因，《資治通鑒》沒有作過考證（估計也考證不出），
但是，有一件事情，也許與他英年早逝有關。這件事，即使沒有促
使他短壽，也會對他以後的執政帶來很大的弊端。這，也可以說是
周世宗身上最大的缺憾。

　　周世宗剛上臺時，親自率軍和北漢（「十國」之一）幹了一仗。
當時，眾朝臣紛紛反對他這樣做，但周世宗沒聽從，結果大獲全勝。
從此，周世宗大小政事全由自己親自決定，文武百官只有接受命令
的份。河南府推官高錫上書勸諫周世宗，認為天下之大，政務繁多，
即使堯舜也不能光靠自己一個人去做，必定要任用其他人，現在世
宗這樣做，天下人不但不以為他聰明睿智足以兼百官之任，反而說
他狹隘多疑不信任朝臣。因此，建議世宗選擇各種人才擔任不同的
職務。然而，世宗沒有聽從這個建議，仍然實行一個人包打天下的
做法（見《資治通鑒》第二百九十二卷）。

　　身居皇帝高位，卻想包攬天下事務，長期這樣操勞過度，不累出病來才怪呢。周世宗的英年早逝，會和這毫無關係嗎？

　　就算「包打天下」的做法沒有「打」壞周世宗的身體，我們也完全有理由相信：這種做法延續下去，將給後周的管理埋下嚴重的隱患，國家遲早會垮在這個做法上。

　　一個人包打天下，自身的潛能倒是能發揮到極致，另一方面，卻挫傷了多數人的積極性，消除了來自多方面的力量。這樣做到底值不值？這應該是個很簡單的算術題，可惜周世宗太「忙」了，沒有時間去算一算。

　　更重要的是，一個人包打天下，將會使管理制度永遠沒辦法「立」起來。治理國家（或一個具體的單位），首先需要的是建立一套科學合理的制度，以制度管人管事。而把希望完全寄託在某個人身上，是十分不可靠的：碰到周世宗這樣能幹的人，尚可支撐下去，碰上周世宗繼位的兒子、七歲的周恭帝柴宗訓，政權不就三下五除二被趙匡胤奪去了？後世的明朝也有類似的做法：朱元璋廢除了丞相的職位，以皇帝兼任這份重要工作（皇權相權通吃），在朱元璋、朱棣父子手上還吃得下（畢竟這二人能力不同常人），後來的皇帝就根本吃不消了，到頭來連皇權都未必抓得牢。清朝也沒有以前那種「宰相」，皇帝的工作量比任何一個朝代都大，結果自己累得苦又怎麼樣？還不是吃力不討好，國家就是富強不起來──而且大步走著下坡路。這些和周世宗一脈相承的做法足以證明，即使周世宗統一了全國，再當三五十載皇帝，後周也不可能長治久安（他一倒下就麻煩了）。

俱往矣，周世宗的未竟事業在今天看來已無所謂惋惜不惋惜，但他身上的這個缺憾，對群眾、對領導都有啟示，那就是：工作要認真做，身體也要好好愛護，超負荷玩命式的做法不宜提倡；自己的潛力要充分挖掘，別人的積極性也要大力激發，眾人拾柴火焰高，多幾個人出力，事情總是更好辦。

李鴻章吃了寵物狗

　　李鴻章在簽訂了馬關條約的第二年，出使俄國，並遊歷歐洲一些國家。到了英國，他的已故「老戰友」戈登的家屬送了一隻珍貴的寵物狗給李鴻章。結果，李鴻章把狗宰掉吃了，還寫信感謝道：「惟是老夫耄矣，於飲食不能多進。所賜珍味，欣感得沾奇珍，朵頤有幸。」

　　類似的笑話，早就聽過，說的是某君贈送鸚鵡給尊貴的客人，後來再遇客人，問及鸚鵡，客人說：「味道不錯，就是肉少了點。」沒想到，堂堂的晚清重臣李鴻章竟然是笑話的「原型」。「味道不錯，可惜年紀大了不能多吃。」據說，李鴻章的這一「花邊新聞」，很讓英國報紙熱鬧了一番。

　　在晚清的官僚中，李鴻章可能是最受非議的一個。出了這等事，人們只怕更要瞧不起這位中堂大人了。

　　李鴻章真的這麼可笑麼？

　　我倒覺得，李鴻章吃了寵物狗，至少說明其人沒有養貓養狗的業餘愛好（否則焉能不知此乃玩物而非食物）。有人認為當時中國社會不知玩寵物狗，其實不然，據閻愛民編著的《正說雍正》一書（上海古籍出版社），比李鴻章早得多的雍正皇帝就特別喜歡寵物狗。所以，這事倒是從一個側面證明了李鴻章並不是有閒階層，對玩樂之事並不精通。他一生應該算得上勤奮的，忙碌的，至於沒能「忙」出好結果，那未必完全是他的錯。

　　李鴻章在民間留下罵名，是因為晚清那些喪權辱國的條約，多是由此公代表政府簽訂。最典型者當數《馬關條約》和《辛丑和約》。因為在這些條約上留下「墨寶」，李鴻章簡直成了「賣國賊」的代名詞。其實，李鴻章並非不為國家著想，看看《馬關條約》的簽訂過程就可見其苦處。

　　《馬關條約》中日雙方的簽字人李鴻章和伊藤博文，在十年前就是「老交情」了。在簽約過程中，李鴻章不斷地利用這個「老交情」軟磨硬纏。李鴻章雖然未能從根本上改變條約的內容，但在某些細節上還是有收穫的。比如，賠款數額由三萬萬兩減為兩萬萬兩；賠款免付利息的條件由「兩年內付清」改為「三年」；交割臺灣的時間由「一個月內」延長為兩個月。特別是關於臺灣問題，李鴻章和伊藤博文的對話，後人讀來仍覺辛酸。李鴻章要求延期，伊藤博文不肯，李鴻章說：「貴國何必急急，臺灣已是口中之物。」伊藤博文道：「尚未下嚥，饑甚。」李鴻章說：「兩萬萬足以療饑。」幾個回合下來，伊藤博文總算答應。

　　李鴻章豈能對《馬關條約》無動於衷？此後，他心裏也是恨死了日本的，而且「恨」令智昏，於 1896 年在莫斯科簽訂《中俄密約》，希望聯俄抗日，結果卻是引狼入室。條約內容包括在中國境內修建中東鐵路，壞就壞在《中東鐵路合同》規定「鐵軌之寬窄，應以俄國鐵軌一律，即俄尺五幅地，約合中國四尺二寸半。」而當時中國鐵路的寬度是四尺八寸五分。明擺著，鐵路只對俄國有用，而中國的火車無法問津，算是白幹（提起這件事，不禁想起我們當前正在致力建設的「技術標準體系」，很多人對「得標者得天下」的觀點不大理解，看看中東鐵路，就知道以誰為「標準」是多麼重要了）。

　　要說李鴻章思想有多腐朽，也不見得。百日維新之前，康有為、梁啟超他們在北京創設進步團體「強學會」。據說，李鴻章曾經想入會，而且自願交二千兩銀子為「會費」。可是康有為等人因為對李鴻章有成見，拒絕了他。這麼說，李鴻章心裏其實也想進步嘛。在《1901年》這本書裏，一位英國記者如此描寫到英國議會旁聽辯論的李鴻章：「他藍色的長袍光彩奪目，步伐和舉止端莊……他的神采給人以莊嚴的感覺，像是某種半神、半人，自信、超然，然而又有文雅和對苦苦掙扎的芸芸眾生的優越感。」書中，李鴻章的照片正襟危坐，落落大方。這些資料，有助於我們認識以前「臉譜化」的李鴻章。

　　如果李鴻章不出面與列強談判，晚清的情況會更好嗎？雙方會談時，人家的大炮對著你，哪會有什麼好結果？晚清腐朽到這一步，當然不是李鴻章造成的，甚至也怪不了某個最高統治者（制度使然，問題積重難返，垮臺勢不可擋）。弱國無外交，李鴻章不出頭，換了張鴻章、王鴻章，照樣要割地賠款，誰叫你的國家沒有實力？嚴復曾經自負地說，如果他和李鴻章換個位置，保證比李鴻章幹得更好。對這句話而言，我只能認為嚴復的自我感覺不錯，對現實卻未必認識深刻，難怪他坐不上李鴻章的位子。

　　以今天的眼光來看，貶低李鴻章的能力顯然有失公允。只能說，李鴻章是個生不逢時的人，主觀上他也想做事，並且付出了行動，可是客觀條件對他太不利了。你看，慈禧向全世界宣戰，換來了空前絕後的《辛丑和約》，年近八旬的李鴻章因此還得最後為晚清大擦一次屁股（沒多久他就撒手人寰）。我不知道他臨終時有沒有長歎一聲：命苦不能怪政府！

下輯

故事之忖量

由「宰相失座」想到的

在眾多開國帝王當中，宋太祖趙匡胤的才幹與人品都堪稱上等。作為宋代皇帝中唯一的天才軍事家，趙匡胤的韜略自不必說；而與劉邦、朱元璋之流相比，趙匡胤是少有的不殺功臣的開國皇帝，而且，他對子孫立下的「不得殺士大夫及上書言事人」的誓詞，也使宋代的文人們有幸生活在相對寬鬆的社會環境中。因為這些，趙匡胤在歷史上為自己掙得了較好的名聲。

有一件事，趙匡胤卻是做得夠「損」的，「損」得影響了中國上千年的歷史。

宋代以前，皇帝和宰相等百官雖為君臣，雙方之間的禮節還是比較隨便的。宰相見皇帝議事，皇帝是要賜茶看座的，即所謂「坐而論道」。趙匡胤靠發動兵變當上皇帝後，為了提高君權，決定和大臣們拉大距離。據說，他當皇帝的第二天，宰相范質議事時還坐著，趙匡胤說自己眼睛昏花，讓他把文書送到面前。范質送上文書後想落座時，座位已被早得到君命的侍從撤去。從此，宰相只能站著向皇帝「彙報工作」（變成「站長」了），是為「立而上言」。

從「坐而論道」到「立而上言」，這是相權下降的標誌，也是君主加強獨裁的體現。到了清代，「立而上言」又發展到了「跪而奏事」：君臣之間的距離進一步拉大，臣子見皇帝，得行跪拜禮，並且事情沒有說完或皇帝沒有恩准「平身」，就跪著不能起立。

　　人們常說：歷史的車輪滾滾向前。對於整個人類史來說，這輛大車是前行著的，但對於某個階段則未必。而這個「階段」的時間跨度，也許是百十年，也許是一兩千年甚至更長。這就意味著，在某個「階段」，不知有多少代人是要經受歷史這輛大車「開倒車」的痛苦的。

　　就拿我們最需要的「民主」來說吧。中國古代，君臣之間的互相制約關係是明顯的，這在一定程度上可以視為原始的「民主」，越古的年代越是如此（堯舜禹時期還是「選舉」制、禪讓制呢）。很多時候，事情並不是帝王一個人拍板說了算。宋代之前，凡有大事，君臣之間可以當面討論決定，特別是宰相一級的幹部，說話還是挺有分量的。宋太祖耍個陰招把宰相的座位一搬，此後的宰相在皇帝面前就難以直起腰桿，找到前人那份自尊了（別的大臣就更別提了）。而皇帝呢，「自由發揮」的空間因此大了許多。到了明代，朱元璋乾脆把「宰相」這個崗位也撤了，君權進一步集中。而在由「站」到「跪」的清代，已是「奴才」遍朝野。你說，僅從宋清之間一千年來看，「民主」的進程不是該改稱「退程」麼？

　　在很多時候，歷史前進的方向可能和百姓所期待的恰恰相反。歷史長河並非一直向前，它和別的長河一樣，也會常常遭遇「九曲十八彎」。就說封建王朝崩潰後吧，中華民國成立不久，就有袁世凱、張勳先後「開倒車」，好在當時有一批批先烈捨得拋頭顱灑熱血，才使這輛「倒車」迅速剎了車。在這些史實面前，誰又能保證以後不會出現類似的逆天而行者？

　　歷史這條長河，實在讓人不敢輕易樂觀。就說民主程度較高的美國吧，兩百多年來，因為立國之初搭建的可以評為「工程質量」

優質獎的「政治框架」，美國一直未出現過獨裁的局面。可是，近年來有報導說，布希家族在出了兩位總統後，據說仍然後繼有人，準備把總統寶座競爭到底。這種有望「破紀錄」的事情，當然容易引發人們的好奇心、興奮點，但冷靜想想的話，要是美國真的出了這麼一個「一頭獨大」的家族，誰能保證若干年後共和制不會演變成帝制？如此為美國佬作杞人之憂，也許讓讀者諸君見笑了！

　　不妨再說說我們身邊的現狀。在具體的單位或地方，上世紀八九十年代，「民主」的空氣還是相對普遍的。而現在呢，「一言堂」明顯多起來了，「一把手」說了算早已讓人習以為常。在已經查處的大量腐敗案中，大多數正是由那一大批失控的「一把手」一手炮製的。當一件件「個案」堆積成了一種「現象」或「趨勢」，我們還不提高警惕的話，到時損失的恐怕不僅是一代人的利益。

　　宰相范質屁股下的那個座位已經化作一面鏡子，提醒我們對待今天、對待未來要有更理智的頭腦，更敏銳的眼光。歷史上「開倒車」的事情常常發生，面對這種「苗頭」，唯有當世之人及時警醒，不惜流血，才可及時扭轉乾坤。而更理想的狀態，則莫過於以史為鑑，防患於未然！

比制度缺失更糟的

　　明太祖朱元璋在得了天下之後，有感於歷史上多次宦官亂政的教訓，特地立了塊鐵牌在宮門口，上面鑄了 11 個字：「內臣不得干預政事，犯者斬。」他還規定，內臣不許識字，外臣不許和內臣有公文來往。

　　然而，明朝的歷史，最終卻被宮門口這塊鐵牌給嘲笑了。宦官亂政，在朱皇帝們手上超過任何一個朝代，成了明朝的致命因素。王振、曹吉祥、劉瑾、汪直，還有那個把朱家江山玩得氣息奄奄的魏忠賢……我就是不查資料，僅憑十幾年前閱讀歷史的零星記憶，就能點出一大批臭名昭著的大閹賊（「著名宦官」中當然也有好的，比如七下西洋的鄭和，可惜數量太少）。

　　朱元璋的這塊鐵牌為何取得了如此意外的效果？答案當然還得從他自身找起。原來，最先破壞這個規矩的，不是別人，正是老朱自己。朱元璋說歸說，做歸做，自己就派過宦官聶慶童去甘肅河州「敕諭茶馬」。也許因為這些原因，宮門口的這塊鐵牌在朱元璋的兒子明成祖的眼裏就沒威信了，他當權後，毫不客氣繼續破例，不但一再派遣宦官出使外國，還任命宦官當「監軍」。越往後，朱家子孫違規越厲害：仁宗任命宦官當「方面大員」，宣宗令大學士教宦官識字，英宗對王振唯命是從，武宗讓劉瑾「替」他當皇帝……明朝中後期，有好幾個皇帝的「威望」比不上他們的司禮太監。

　　曾經聽過這麼一個觀點：有法不依不如無法可依。琢磨朱元璋的「鐵牌效應」，這個說法倒是不無道理。也許，如果朱元璋不立這塊鐵牌，明朝的宦官們還不至於如此放肆呢！皇帝說的是一套，做的是一套，久而久之，君臣對這個所謂的「法」都不當回事，那就很有可能反過來蔑視它、踐踏它了。我記得小時候，鄉里某單位院外有一棵果樹，不知誰在樹下立了個「不准摘果」的禁令牌，人們起初唯恐受罰而遵守禁令。可後來，大家終於發現禁令牌乃虛設，根本沒人管這事，結果，人們都搶著摘果，末了還要朝那曾經騙過自己的禁令牌狠狠地踢上一腳！

　　當制度成為一紙空文，其後果往往比制度缺失還要糟糕。制度尚未確立時，人們至少還可以寄望於制度的建立；而制度成為一紙空文，就容易在人們的心裏產生陰影和逆反心理。時間長了，範圍大了，它們就積淀成了思維的「慣性」，從此，人們將不再信任制度，不遵守制度的心態也就逐漸成為主導，這種危害是不言而喻的。其實，一個古老的故事早已道破此理：天天大喊「狼來了」，天天卻不見「狼」來，從此不信「狼」會來！

　　在法治社會，法律一旦確定，就應受到普遍尊重。然而，當前，有法不依、制度形同虛設的現象依然不少。國務院《煤礦安全監察條例》對煤礦安全的監察、預警制度規定得相當完備，這些年礦難卻還是頻頻發生，以致礦難新聞已經不像新聞；商業銀行的內部控制制度多如牛毛，金融詐騙醜聞在各大銀行卻層出不窮；國家法規嚴令禁止網吧違規經營，網吧違規的嚴重現象卻仍需有良知的媒體不斷呼籲……凡此種種，問題都不在於缺乏制度，而是有效的制度未得到有效的貫徹落實。

　　前不久從媒體獲悉，某市為了防止領導幹部藉舉辦酒宴之機斂財，訂定了黨員幹部酒宴申報制度。然而，制度出臺後，由於並沒怎麼「抓落實」，一方面是部分領導幹部依然我行我素，另一方面是群眾冷眼旁觀嗤之以鼻（民憤甚至比制度出臺前還大）。如此看來，600多年前朱皇帝創作的「鐵牌戲」只怕還沒那麼快「絕版」，如果我們不引以為鑒，後人看「笑話」的機會還有不少。

從隋文帝之死看制度建設

　　隋朝的歷史雖然短暫，卻因其結束了中國 200 多年的分裂狀態而意義重大。完成統一大業的隋文帝楊堅，以其功績和德行，成為開國皇帝中的佼佼者。

　　成功的男人背後都有一個優秀的女人，現代人常說的這句話，居然在隋文帝身上也可印證。隋文帝的皇后獨孤氏，雖然在史冊上連名字都未留下，卻是一個傑出的「內助」。史載，楊堅當上皇帝，與獨孤氏的鼓勵與支持分不開；隋朝建國後，獨孤皇后仍非常關注朝政，糾正了隋文帝的不少過失，政治影響力和隋文帝不相上下。表面風光的隋文帝，其實是嚴重的「妻管嚴」：楊堅稱帝後，獨孤氏作為「女強人」，雖然無法推翻積淀深厚的后妃制度，但有能力將後宮的「編制」精簡到了歷朝的最低數，而且嚴密監管，限制隋文帝和嬪妃接觸，硬是看住了他的色心色膽。

　　在獨孤皇后的約束下，隋文帝壓制了許多慾望，從而有了更多的精力用於朝政。遺憾的是，獨孤皇后比隋文帝早死兩年，得到了「解脫」的隋文帝，因為此前從無機會縱慾，壓抑過久的慾望如火山般爆發了，竟然一下子走向另一個極端，終因縱慾過度，搞垮了身體，臨終感歎：「假若皇后還在，我必不致如此。」

　　隋文帝之死，教訓是深刻的，除了當今的男女「強人」可以從中受到某種啟示，我覺得更重要的是還可以與制度建設這個嚴肅的話題掛起鉤來。

　　隋文帝的下場告訴我們，制度建設一定要有長效機制。獨孤皇后看管隋文帝，這是一項「制度」，因為其本身是嚴格的、有威力的，所以收到了良好的效果：面對這一「鐵的制度」，隋文帝只好老老實實，不近女色。然而，獨孤皇后失策的是，她沒能考慮到「身後事」，建立執行制度的「長效機制」。所以，一旦她去世後，「鐵的制度」沒了執行者，隋文帝壓制在心底的慾望就很快大翻身了，獨孤皇后在世時所取得的成果旋即化為烏有，其苦心建設的「制度」可以說是前功盡棄了。

　　隨便舉個例子來說說這個教訓的現實意義。當前的新農村建設，通過前期的「三清三改」工作，許多農村面貌煥然一新。因為工作關係，我去過本地的一些新農村示範點，看到整潔的村莊的確如詩如畫，令人「心嚮往之」。我們還暸解到，這些示範點都制定了「保潔制度」等相關措施。但是，大家更關心的還是有沒有長效機制來保證這些制度能長期得到落實。如果相關制度僅僅能保證「曾經擁有」，而做不到「天長地久」，特別是無法延續到「換人」之後，那麼，村容村貌短時的清爽又有多大價值呢？經濟學界有個「黃宗羲定律」（出自清初著名思想家黃宗羲，其本人的說法是「積累莫返之害」），說的是封建社會賦稅改革的規律：每次改革，可以稍微緩解農民負擔，但時間一長，馬上出現反彈，矛盾進一步加深，如此周而復始，沒完沒了。如果一項制度缺乏長效機制，就很容易陷入「黃宗羲定律」所說的這個怪圈。

　　隋文帝的下場，還告訴我們，建立制度，一定要客觀地考慮到其可行性。在君權至高無上的時代，皇帝不可能只有一個女人。獨孤皇后不但核減後宮「編制」（當然不是為了節省財政支出），還對

隋文帝嚴加看管。有一次，隋文帝偷偷地和一個宮女好上了，獨孤皇后馬上將這個宮女杖殺，氣得隋文帝差點離家出走。如果把獨孤皇后的行為看作一種制度改革，應該說，在那個年代，她無疑是操之過急了。事實證明，獨孤皇后在這方面最終是失敗的，作為一個「思想覺悟」還沒達到相應水準的封建皇帝，隋文帝並未真正放棄對女色的追求，一旦獲得「性解放」，當然要加班加點補回以前的「損失」了。

　　超越客觀條件的「制度」，如同建在沙灘上的大廈，肯定是不牢靠的。制度如果在缺乏可行性的前提下強行推出，只能產生「揠苗助長」的效果。我有一個朋友，辦了家手工作坊式的小企業，雇請的員工主要是當地文化程度不高的農民，可他卻一心想弄出點「企業文化」來。這個朋友自從到沿海一家外資企業參觀後，對人家的現代化管理模式羨慕不已，馬上著手制訂了包括考勤、學習等系列內容的制度，來「管理」自己那十幾號員工。結果，由於兩家企業根本沒有可比性，他取的「洋經」明顯水土不服，不但沒能幫他管好企業，反而使員工產生了逆反心理，無法安於生產。折騰了一段時間後，這套徒有其表的「制度」只好不了了之，其中的一些做法還被當地人傳為笑談。可見，在制度建設中，客觀可行性是非常重要的因素，如果忽視了這一點，制度不僅無法取得積極效果，甚至可能產生反作用，到頭來害了「隋文帝」。

李淵自穢與匪盜行規

　　在中國歷史上，李淵無疑是個風雲人物。這位一手開創大唐帝國的唐高祖，在給隋煬帝「打工」時便胸懷大志，不甘在隋末動盪的亂世中沉淪。他的不俗表現引起了隋煬帝的懷疑，為了自保，李淵只好把自己的「閃光點」藏起來，採取「自穢」的辦法，大肆收受賄賂並沉湎於酒色。果然，性格多疑的隋煬帝對這個「貪財好色」的「無德無行」之徒放下心來，不但未以「法紀」來處分他，還將他提拔重用。

　　一個有雄才大略的人要委屈到「自穢」才能自保，而自穢之後不僅可以免責，還能得到上司「賞識」，從李淵的經歷，我們不難想像在隋煬帝執政期間，那是一個怎樣的荒唐世界。當權者以這樣的「標準」來取人，你不做「壞人」都難！

　　李淵自穢，反映了當時的官場通行的是匪盜的「行規」。它至少表明，隋煬帝時期，冠冕堂皇的政界已喪失了自身應有的運行規則，而淪落為與匪盜同宗。

　　匪盜的行規是什麼？看過《水滸傳》的讀者，應該記得林沖當年被逼上梁山時，火拼王倫的故事。梁山的第一任領導王倫是個時運不濟的人，他連續多年參加高考而落榜，又沒碰上國家大擴招的好政策，以致連個大專文憑也沒混到。國家幹部林沖的加盟，使王倫感到了巨大的工作壓力。不過還好，自古以來盜亦有「道」（也就是「行規」了），林沖雖然在官方工作時已經評上了「高級職稱」，但要轉到

「匪盜系列」來，對不起，必須下山殺個人，讓自己的雙手沾上無辜群眾的鮮血，才算有了入門的「資格證」。因為這個「行規」，林沖雖然英武出眾，在取得梁山「正式編制」之前卻頗受了些委屈。

說穿了，匪盜的行規，就是人人自污，沆瀣一氣，這樣才能確保上了賊船的人誰也別想上岸，而其目的當然是為了保證全船賊人的安全。我們姑且不管王倫使用這個「行規」對付林沖其實別有用心，單是站在匪盜們的角度來看，他的做法當然有其「合理性」和「必要性」。這個行規一直在匪界沿用著，現代警匪片裏就時常可見類似的鏡頭。

匪盜是社會的毒瘤，它的「行規」當然是一種極其厲害的毒素。如果這種毒素滲透到主流社會，主流社會就有可能局部病變甚至全身潰爛，其危害無疑是十分可怕的。

看看當前披露的各件腐敗「窩案」，我們卻又不得不認識到：匪盜行規在一些小集團內部仍然真真切切地存在！

「窩案」增多，是近年來職務犯罪的一大特點。這裏先舉幾例近兩年查處的未必典型的案例：以河北省交通廳原副廳長張全為首的集體腐敗案件，至少有 15 人涉案；陝西省地方電力集團公司貪污受賄案，上至原總經理王文學、總工程師蘇厚錦，下到幾個縣的電力局長，18 名幹部齊刷刷擠在法院被告人席上；湖北省襄樊市原副市長趙振案，一「窩」揪出 74 名領導幹部……據檢察機關分析，「從個案挖出窩案牽出串案」已成為腐敗案中的新規律，而這些「腐敗窩」奉行的正是匪盜行規（所以和「賊窩」已無異了）。

社會上不是流傳著版本不一的所謂「幾同」的說法嗎？其中最「核心」的內容，其實只是兩條：一同嫖過娼，一同分過贓。在同

僚當中，有過這「兩同」經歷的，關係肯定是最「鐵」的了。錢、色，這是「腐敗文化」的兩大主題。物以類聚，人以群分；非我族類，其心必異。當權者貪財好色，下屬若不投其所好、同流合污，怎能做到「上下一條心」呢？李淵自穢，正是因為隋煬帝首先就是個荒淫無道之主，唯有自穢才能讓他以及其他同僚把自己當作「同類」而不加以戕害。

當人們身處一個以匪盜行規作為「行為規範」的環境時，普通人不外乎兩條選擇：要麼同流合污，要麼捨生取義。不管哪種選擇，都可能是一種悲劇。清代的蘇廷魁擔任河道總督期間，治理決堤的黃河，工程結束後，還有 30 萬兩白銀結餘。有關官員主張將餘款瓜分（這也是當時的慣例），唯有正直的蘇廷魁不同意，堅持將餘款奏繳國庫。結果，此舉「損害」了有關部門和官員的利益，破壞了業內的潛規則，戶部和河南巡撫等一起彈劾他，蘇廷魁竟然因此被革職。對於李淵的做法，後人該怎樣評價？只能說，他是幸運的，後來終於得到了改造世界的機會，還了自己一個「清名」。如果他最終沒能成為「成功人士」呢？身上的污穢恐怕就永遠洗不清了。

匪盜行規逼良為娼，要做到不「失節」，要麼就別上「賊船」。萬一上了「賊船」怎麼辦？如果能做到不入「賊籍」，而與賊作堅決鬥爭，最後以正義戰勝邪惡（這基本只能說是「理想主義」了），那當然最好；退一步說，像李淵那樣為了推翻這艘「賊船」而暫時委曲求全也未嘗不可，但別忘了堅守道德底線，不要真個兒「穢」進去了。而那些主動逢迎，自願同流合污甚至推波助瀾者，就徹底為人所不齒了！

堪憐王謝堂前燕

　　歷史上有些事情總是讓後人感到莫名其妙。一千多年前的士族現象，就足以讓今人咋舌。

　　等級秩序嚴明，這是封建社會的一大特色。而在兩晉南北朝時期，士族和庶族之間的嚴格區別，堪稱等級秩序登峰造極的表現。

　　士族和庶族的來龍去脈，三言兩語是說不清楚的。打個不恰當的比喻，二者的區別，有點類似於早些年的「城鄉差別」：如果說士族是吃「馬糧」的城鎮戶口，那麼，庶族就是吃「牛糧」的農業戶口。在不甚遙遠的計劃經濟時代，這兩種「戶口」的不同待遇也足以讓若干年後的人們拍案驚奇。那時，對我們農村青少年來說，如果有機會獲得「農轉非」的機會，那可真是人生的頭等喜事！非農業戶口，升學有優惠，招工有機會，參軍復員有安排⋯⋯甚至，我們南方人逢年過節到糧管所買幾斤麵條、麵粉改善生活，也要靠這個戶口。在那個年代，要跳出「農門」，對於大多數農家子弟來說，唯一的出路就是加入「千軍萬馬擠獨木橋」的行列──考學。

　　兩晉南北朝（尤其是南朝），士族與庶族之間的天壤之別，當然遠非「農業戶口」與「城鎮戶口」的差別可比。

　　在封建專制社會，皇權夠大了吧？可是，面對士庶之別，南朝的皇帝們卻毫無辦法。南朝宋文帝手下有個庶族大臣徐爰很能幹，文帝想提高他的社會地位，命士族大臣王球同他來往，王球卻毫不

客氣地拒絕道：「士庶區別，國之章也，臣不敢奉詔！」結果，文帝不但拿他沒辦法，還要親自認錯，面子算是丟大了。

門第觀念在這個時代發展到了不可理喻的地步。士族子弟似乎天生就註定要當大官，哪怕才智再平庸；而庶族子弟即使功勳卓著，身居高位，也因「出身」不好，不敢與士族相提並論，凡事還得讓著點。做實事、出實績的是庶人，而行屍走肉般的士族階層卻坐享其成，「出身決定命運」的現象時常有，尤以南朝為典型。

可以想見，在這樣的社會環境下，作為寄生蟲的大多數士族子弟，過的是什麼日子。不學無術，尸位素餐，這樣的生活可以延續多久呢？歷史是無情的，它不會讓無能之輩平白無故地永世享福。梁朝末年，江陵被北朝的西魏（少數民族政權，他們一向不怎麼把士族當回事）攻陷，梁元帝被俘遇害，許多士族子弟成為亡國奴。這些「生來命好」的傢伙這下曉得「苦」了：平時讀了點詩書的還好些，當的是文職奴隸，教主人的子弟讀書；而胸無點墨之徒呢，「莫不耕田養馬」，這些從沒幹過活的人，連騎馬甚至走路都不會，一下子淪落為苦役，哪裡吃得消？結果不知累死了多少人。

日益腐朽的士族制度，發展到南朝後期的梁、陳二代，已經使士族子弟無人可用，國家最終不得不依靠庶族來幹實事。不能自立的士族，其優越地位因此漸漸弱化了。唐朝著名詩人劉禹錫的〈烏衣巷〉寫得好：「朱雀橋邊野草花，烏衣巷口夕陽斜。舊時王謝堂前燕，飛入尋常百姓家。」就連東晉南渡以來最旺的兩個家族王、謝二氏（王家的王導、謝家的謝安等都是當時響噹噹的政治人物），在南朝也是一代不如一代，終於沒落破敗。「出身論」的觀念在大勢所趨之下，已經風光不再了。

安逸的環境養懶人。在士族階層早已消亡的今天，另一種現象「富不出三代」卻依然存在。特別是最近一二十年，中國人普遍比以前富裕多了，許多飽嘗過生活艱辛的父輩（未必是「富豪」級的，也許僅僅是「小康」而已），生怕孩子像自己以前那樣吃「苦」，對他們百依百順，結果怎樣呢？這裏說說一個朋友的苦惱：朋友的兒子因為家境不錯，從小受到百般呵護，如今上高中了，卻一天比一天厭倦讀書，一心只想著玩電腦遊戲。問他對未來有什麼想法，他一臉迷惘：從未考慮過這樣的事。朋友為此總是感歎自己「經濟」上的成功無法彌補「教育」上的失敗。筆者也接觸過一些年輕的大學生，他們的觀念是「生活就該享受」，至於誰來提供「享受」的條件、自己將來如何讓別人「享受」，則似乎不是他們考慮的事（但願這只是「極少數」的「個別現象」）。

士族的這一段歷史，可以使今人受到不少啟迪。士族子弟為何沒有樹立自立觀念？士族為何終於走向衰敗？我想，他們首先是被那種先天性的自我優越感熏昏了頭腦，以致忘乎所以，以驕奢淫逸、好逸惡勞為榮，不相信社會將發生變革。人在得意之時最容易不清醒，「幸福生活」與生俱來，他們哪裡能想到「自立」為何物？「富不出三代」不也是這個道理嗎？士族（特別是做了亡國奴的那些人）最終的下場告訴我們，人不自強無以自立，沒「來由」的「好日子」沒有理由長久。今日一些生活在上一代的寵愛裏，身在福中不知福，缺乏憂患意識和責任感的年輕人（以及他們的父母），尤其應當讀讀這段歷史。

和衷共濟事乃成

　　金庸的《天龍八部》裏有個悲劇人物慕容復，一心想「復國」當皇帝，為了實現這個目標可以不擇手段。虛構的文學人物慕容復，其祖上慕容氏在「五胡亂華」的歷史時期倒是確有不俗表現。

　　「五胡亂華」，其中一「胡」即鮮卑族，這一族的慕容氏尤為佼佼者。西晉滅亡後，北方的慕容氏人才輩出，先後建立前燕、後燕、南燕。然而，慕容家族人才雖多，卻終因無法和衷共濟，兄弟父子互相猜忌、同室操戈而喪失政權。

　　因為自相殘殺而走向滅亡的事例，在歷史上舉不勝舉，而最典型的，恐怕要算南北朝時期的南宋劉家。南朝的宋文帝劉義隆，早期因為任用王弘等良臣，取得了「元嘉之治」的政績。可是，後期的宋文帝猜忌宿將檀道濟，殺之而自毀長城；又與弟弟劉義康互相猜忌，最終殺劉義康。統治階級內部的尖銳矛盾，導致南宋國力衰退，而且自相殘殺之勢越演越烈：宋文帝自己被太子劉劭殺害，劉劭還殺死宗室多人；劉劭被兄弟孝武帝劉駿所殺，劉駿還「斬草除根」把他的妻兒都殺死，同時「解決」兄弟劉浚、劉鑠、劉渾、劉誕等多人；劉駿死後，太子劉子業即位，殺叔祖父劉義恭全家、殺兄弟劉子鸞等（劉子鸞臨死前說得很淒慘：「願不再投生帝王家！」）；劉子業被部下殺死後，繼位的明帝劉彧，將劉子業所有活著的兄弟「消滅」乾淨（其中年齡最小的王子才四歲），而且對自己

的兄弟也基本不放過；明帝之後，太子劉顯即位，同樣對宗室大開殺戒……骨肉殘殺，使劉宋的這些當權者滅絕了人性。

歷史留下的教訓是深刻的。以後人的眼光看歷史，封建王朝那種只能「有難同當」不能「有福同享」的悲劇是無法避免的，人治的制度決定了這些。一個人的命運，沒有強有力的社會制度來保障，完全取決於某個最高統治者，在這樣的環境下，統治者之間，怎能做到互相信任呢？

一項事業的成敗，需要的是「同船」的人和衷共濟。通過一個朝代的興衰史，我們可以發現這麼一個規律：這個朝代的建立，靠的是開國君臣們的齊心協力，在這個時期，君臣之間的關係如手足，充滿著「革命」的友誼、感情。而當君臣之間互相猜忌，關係出現裂縫時，那就兆示著這個朝代的輝煌時期就要結束了。

統治者家族內部的那種殘酷鬥爭，已隨著專制制度的結束而一去不返。但是，不團結的社會現象並沒有因此消失。在今天，我們可以通過一個單位的創業經歷來繼續觀察這個規律。單位（特別是企業）創業之初，靠的正是上下一條心，精誠團結，這樣才能做到無堅不克。而單位內部出現矛盾時，如果決策者不能採取有效措施來化解，那麼，這個單位一定要面臨發展的危機。改革開放以來，中國湧現了大量的民營企業，可是民營企業的平均壽命只有三五年。有人歸納了影響中國民企發展的若干個「死穴」，「禍起蕭牆」（企業決策層不團結）是其中之一。許多最終失敗了的民營企業，創業者正是經歷了「創業之初同甘共苦、企業壯大產生分歧、事業紅火相互排擠」的軌跡。

　　在「家天下」時代已經結束的今天，做到和衷共濟，需要大家共同營造良好的創業環境。「團結」是個深刻的社會命題，導致不團結的因素是多方面的。中央黨校教授王東京最近發表的〈中國官場「窩裏鬥」是體制問題〉一文認為：「班子不團結，表面上看，似乎是官員性格不和，但實質則是利益衝突所致。」王教授言之有理。對官員來說是這樣，對其他集體而言也是這個道理。人們對私利考慮得多了，矛盾自然產生，而且越積越深厚，終於無法調和，在這樣的環境下，哪裡談得上「和衷共濟」？恐怕只有互相拆臺了。筆者認為，另一方面，人與人之間出現信任危機，也是導致「團結」成為難事的重要原因。由「不信任」而互相猜疑、互相提防，人與人之間在這方面要消耗多少精力！

　　根據歷史與現實給我們的教訓，「團結」二字既要靠人們提高道德水平來實現，也需要一定的制度來保障（比如，在政府部門要建立起對領導層的民主監督機制，使之無法產生「利益」衝突；對企業或其他單位來說，也應多建立一些「陽光操作」的制度，讓涉及到公眾利益的事情都能公開化，以消除大家的猜疑）。只有讓破壞團結的因素找不到生存的土壤，「和衷共濟」才能真正長久地實現。

買官的兩種形式

東漢靈帝雖然是個低能皇帝，卻做了一件頗具「創造性」的事情：公開賣官。此事始於東漢光和元年（西元 178 年），當時的官價是公一千萬錢、卿五百萬錢（公卿是古時最高級別的幹部），其他官職各有其價。通過正常方式舉薦的，要取得實職，也得花錢，不過價格優惠些，可以打三五折。

此風一開，買官賣官的記錄不絕於史。清朝的康熙算是個英明皇帝了，卻也幹過這樣的事：康熙十八年，為了增加財政收入，他連續三年賣官鬻爵，大約獲得白銀二百萬兩（相比之下，這個數字不算多）。到了晚清，官職已經等同於普通商品，據《劍橋中國晚清史》統計，19 世紀最後 30 年，清廷捐官總數達 53.4 萬名。1860 年以後，通過捐官途徑的四品到七品地方官已超過通過科舉正常任職者。

吏治腐敗，是許多朝代的通病。在專制時代，把錢交給「上面」是買官的唯一形式。而到了民國時期，封建專制制度號稱結束了，買官現象不僅未能杜絕，還派生出了另一種形式：把錢交給「下面」，即賄選。

民國第八任總統曹錕就是賄選出來的。據有關資料，曹錕賄選總統，向議員們發出了 576 張單價 5000 元的支票（這只是普通票，另外還有萬元以上的特殊票）。結果，他以 480 票順利當選。至於其他賄選行為，在曹大總統面前只能說是「小兒科」了，不提也罷。

買官的兩種形式，在今天依然存在，不過，這已不再是公開的合法行為，而是受到國家法紀嚴屬打擊的腐敗現象。

前一種，查處的案例多得很。黑龍江省綏化市原市委書記馬德，自己花了 80 萬元買官，而賣官的「收入」則達 600 多萬元。此案涉及各級領導幹部 260 多人，被稱為「1949 年以來中國最大賣官案」。前不久被查處的陝西省商洛市原市委常委、商州區原區委書記張改萍，受賄 106.9 萬元，賣出了 27 頂烏紗帽，其中，時任商州區紀委副書記的陳新智，以 38 萬元的高價向她買到了區教育局長的寶座。

後一種，查處的案例也不少。今年 7 月 19 日，中央紀委、中央組織部聯合通報了一批違反組織人事紀律的典型案件，其中就不乏賄選案：廣西合浦縣石灣鎮原黨委委員兼武裝部長王富遠，在今年 4 月換屆選舉期間，給 7 名黨代表分別送現金 100 至 300 元，共計 1200 元；廣東吳川市塘綴鎮原副鎮長魯成禮，先是通過賄賂 12 名人大代表（每人 300 元）而成為副鎮長候選人，接著賄賂 55 名人大代表（每人 1000 元）而正式當選。

買官現象既然有近 2000 年的歷史，當然不能算是「新聞」，而其「生命力」如此頑強，則說明了各個社會階段都有適合其生長的肥沃土壤。要從源頭上杜絕這一現象，尚需要幾代人的努力（特別是賄選，在國外也不鮮見），而且，絕不能停留在紙上、口頭上，完全得靠鐵的制度和實實在在的行動來保障。這裏筆者想提醒大家注意的是，買官行為在百姓心目中的看法，千百年來也是變化著的。而這個「變化」，對國家打擊買官這一腐敗現象具有不可忽視的警示意義。

　　還得從漢靈帝時說起。賣官制度公佈後，廷尉（卿一級的高官）崔烈響應上級號召，花五百萬錢晉升為司徒（「三公」之一）。這崔烈，本來名聲不錯，花錢提拔後，總算還有點廉恥感，心裏感到不踏實，便問兒子崔鈞：「我現在位居三公，人們怎麼看？」崔鈞說，人們都認為崔烈完全應當做「三公」，可現在他做了「三公」，大家反而失望了，因為「論者嫌其銅臭」。

　　可見，在漢靈帝之際，人們對於花錢買官的行為，還是持鄙視態度的（儘管它是合法的）。而到了晚清呢，人們說「捐官做，買馬騎」，買者趨之若鶩，觀者習以為常，根本沒什麼廉恥感了。這就不難理解，為什麼當時買來的官比考上的官還要多了。

　　買官賣官現象的危害性是不言而喻的。這些投機分子把從政等同於經商，高投入必定要講求高產出，最後，「成本」無疑都攤在百姓身上了。打擊買官賣官（包括賄選）行為，主要是國家機關的工作。對我們普通百姓來說，我想，能守住道德底線，不為買官者喝彩，並從言行中表露出對他們的厭惡，就可以說為反腐做出貢獻了。要知道，一種非法現象若是得到了社會輿論的默認，事情可就難辦得很了。

劉項爭雄看「人才」

論年齡，那一年，劉邦 52 歲，而他的對手是 27 歲的項羽。劉邦這個年齡，在那個年代顯然是高齡了，放在今天來說，還是縣市裏的局長們退居二線的年紀。不過劉邦是幸運的，那時候沒有文件對年齡作出規定，於是，他用自己的成功證明：年齡能說明什麼？只要身體好，有志不怕年高。後世的美國人雷根，70 多歲才當上總統，還不是幹得不錯？

論出身，劉邦算什麼？年輕時，因為家庭沒錢又沒文化，所以家長連名字也沒給他取，就直接按排行叫作「劉三」（一作「劉季」，總之是「劉小」之意）。後來，總算其人有點小聰明，混了個村幹部幹幹（他在造反前當過沛縣泗水亭長），但畢竟還是農民身份（所以，元朝的睢景臣在《高祖還鄉》裏把他寫得很不堪）。再後來，劉邦改行當土匪，也只是不入流的「流寇」。而他的對手項羽呢？其祖上為楚國貴族，祖父項燕是一代名將，叔父項梁更是秦末風雲人物，他怎麼也算得上是高幹子弟出身，社會基礎豈是劉邦之流可比的。

論學歷，劉邦自小不愛讀書，做夢都別想「第一學歷」是「本科」。他的文化水平當然不高，除了順風吹喝過一句「大風起兮雲飛揚」，幾乎沒留下別的精彩語錄。項羽呢，年輕時曾向叔父項梁提出要學「萬人敵」，在一代高人項梁的輔導下學兵書，好歹相當於在職研究生。

　　論個人能力，劉邦自己都承認，比部下張良、蕭何、韓信差得遠；他的部下也毫不客氣地說他比不上「力拔山兮氣蓋世」的項羽。大半輩子落魄的劉邦，在 52 歲之前肯定沒有「再造一個統一王朝」的理想。項羽就不同了，少年時代見到秦始皇來地方視察的派頭，脫口而出：「沒什麼了不起，我可以取代他！」自封為「西楚霸王」後，其「霸氣」也確實讓人折服。千百年後的人們，莫不讚歎項羽的英雄氣概，即使他最終失敗了。

　　那麼，歷史憑什麼安排劉邦成為勝利者？人們都說，因為他有人才。

　　劉邦的人才，首推「三傑」：張良、蕭何、韓信。當上皇帝後的劉邦，曾親口說過，自己用計不如張良，治國不如蕭何，作戰不如韓信。

　　然而，在那個兵荒馬亂的年代，「人才」的標準簡直讓人大跌眼鏡。劉邦的老朋友當中，數蕭何的身份最體面了，可他跟著劉邦當土匪時，也不過是縣政府的一名普通祕書。如果不是生於亂世，以蕭何的起點，我看能混個正縣級退休就算運氣不錯了（而事實上呢，蕭何後來不但做了漢朝傑出的開國宰相，而且被劉家尊為「相國」，成為兩漢皇室以外地位最尊之人）。

　　更讓人納悶的是韓信。韓信曾經是項羽手下一名毫不起眼的低級軍官。劉邦入關不久，因實力遠不如對手，被項羽勒令退出咸陽。韓信就是這時跳槽來到劉邦手下的，但仍然只當了一名低級軍官，沒有向劉邦彙報工作的機會。恰在這時，劉邦的力量又被項羽嚴重削弱，他手下的軍官紛紛開溜，韓信也對這位新老闆失去信心，連夜逃跑。於是，歷史的舞臺上演了蕭何月下追韓信這幕好戲。在蕭

何的保薦之下，韓信這個劉邦聽都未必聽過的逃兵，一躍而成為「總司令」（劉家的江山主要靠他帶兵打下）。

蕭何憑什麼知道韓信有這麼大的能量？由於史料未曾交代清楚，後人只好靠猜測了。韓信在劉邦的軍營，和蕭何是有過接觸的，是不是他們在業餘搓麻將的時候，蕭何看出了這個小夥子有非凡之處？如果是這種情況，那麼，是否還有比韓信更厲害的角色因為沒有機會和蕭何這一級的幹部搓麻將而未被發現？人們常說，是金子始終是要發光的，可是大家難道能肯定世上所有的金子都有機會被挖掘出土嗎？

劉邦手下的其他人才如樊噲，職業是屠狗；周勃，喪禮上的吹簫手；曹參算是有份正式工作吧，沛縣監獄看守。沛縣這些毫不起眼的小人物，當歷史給了他們機遇後，都成了響噹噹的優秀人才。

是不是人才，關鍵看有沒有舞臺。今天，有些成功人士常常表示，自己取得成功，並非因為比別人高明多少，而是因為獲得了良好的機遇。冷靜地想想，此話剔除自謙的成分，還是大有道理的，一個人的成功，能力固然重要，機遇的作用也是不容忽視的。

劉邦不拘一格用人才，既使一大批人才脫穎而出，也成就了自己的霸業。面對這一輛人的業績，你能說劉邦這個渾身是缺陷的鄉巴佬自身不是人才麼？而項羽呢，他是典型的個人英雄主義，基本上沒有自己可以信任的人（他手下的范增也是優秀人才，可惜跟錯了領導。在鴻門宴上，范增感歎：「豎子不足與謀！」）。一邊是「一個好漢三個幫」，一邊是「一人包打天下」，最後的結果，歷史並沒有搞錯呀。

歪嘴和尚念經

北宋的王安石不僅是大文豪，更是歷史上有名的大改革家。然而，由王安石主持的轟轟烈烈的熙寧變法卻以失敗告終，王安石也因此在身後的 800 年內頂著「禍國殃民」的帽子飽受非議，直到 20 世紀以來，學界才對他有了肯定的說法（但總的來說還是毀譽參半）。

熙寧變法為何慘遭失敗？廈門大學中文系教授易中天（該同志這段時間在文化界可真是如日中天）認為，王安石和他的領導宋神宗都有責任：宋神宗太急功近利，急於求成；王安石太固執己見，一意孤行。但就事論事，這些新法本身並無大錯，它們無一不是出自良好的願望，甚至是很替農民著想的。

其實，王安石除了過於固執，還犯了用人不當的大錯誤。王安石重用了一大批「歪嘴和尚」，把他的「好經」給念「歪」了，加速了變法的失敗。

在中央機關，王安石身邊所信任、重用的，多是小人。呂惠卿是王安石一手栽培的「護法善神」，然而，此公為了謀取王安石的相位，不惜誣陷王安石「欺君」（眾所周知，在封建社會的官場，這是多麼要命的一項罪名），欲置其於死地；大力讚美變法的鄧綰，公然說「笑罵任君笑罵，好官我自為之」，赤裸裸地坦露其借支持變法謀私利之心；為人如牆頭草的楊畏，人稱「楊三變」，只因表示支持新法，便被王安石加以提拔；還有只顧自己升官發財不管百姓死活的

呂嘉問、後來在歷史上留下臭名的蔡京之流，只要對變法表個態，王安石不問人品，都把他們「團結」起來。

在地方，更有官吏仗著天高皇帝遠，借改革之機大撈一把。有的是為了撈政績，採取急功近利的做法（搞形象工程之類），使變法在基層完全走了樣；有的則直接為自己撈取經濟利益，採取「雁過拔毛」的辦法中飽私囊。

儘管王安石自身高風亮節，剛正不阿，做到了不以權謀私、貪贓枉法（正因為如此，在眾多的政敵當中，沒有人拿他的人品做文章，更沒人拿經濟問題說事），可是，有了這些「歪嘴和尚」們幫倒忙，王安石最終上下不討好，裏外不是人，一番苦心算是白費了。

俗話說，歪嘴和尚念經，越念越歪。在歪嘴和尚們的嘴裏，再好的經文也會走樣。易中天說王安石變法「不該是這個結果」。其實，世上很多事情都如王安石變法，出發點是好的，理論上的做法也許是對的，可在實踐中碰上了一夥「歪嘴和尚」，於是好苗結出了惡果。

不可否認，「歪嘴和尚」們至今依然後繼有人。比如說，時下各地紛紛重視招商引資，由此制定了若干優化發展環境、熱心為客商服務的政策檔。優化發展環境的出發點是好的，職能部門為經濟發展保駕護航也是應該的，可是具體到了一些人手上，就「嬗變」成了一切圍繞客商轉（我們在新聞編輯工作中就經常看到某地公然提出這種口號的稿子），客商的吃喝嫖賭要求全滿足。又比如，公安部門為了遏制重特大道路交通事故的發生，舉行一場「預防特大交通事故百日競賽」，有些地方卻將之演繹成了「百日創收」，打著這個旗號對過往車輛大罰款，使群眾對上頭的精神產生誤解。凡此種種，都可以看到「歪嘴和尚」們的身影。

　　「歪嘴和尚」們為了小團體或個人的私利，不擇手段地損害公眾利益，他們帶來的危害可能是毀滅性的。所以，一項好的政策制定以後，用人是非常關鍵的一個環節。要確保政令貫通，使之取得預期的效果，就一定得把「歪嘴和尚」們開除出「念經」的隊伍。在今天的各項事業中，為了防止出現「歪嘴和尚」念經的現象，有關部門在考察人選時，應做到德才兼顧，知人善任；而在已有的幹部隊伍中，為了防止有關人員蛻變成「歪嘴和尚」，則應建立健全監管機制，加強監督力度，一旦發現類似的苗頭，就應及時堅決地糾正。

有容乃大

　　春秋時期的秦國，本來是西部的一個落後小國。胸懷大志的秦穆公上任後，對人才高度重視，求賢若渴，不論出身、國籍，網羅了百里奚（用五張羊皮換來的）、蹇叔等一大批「外籍」賢能人士，在他們的幫助下，國力從此強盛起來，初步奠定了秦國的霸業。

　　到了戰國時期，為秦國作出傑出貢獻的，更不乏「外國」人。著名的商鞅，本來是衛國貴族之後，曾被人推薦給魏惠王而未受任用，結果被秦孝公用上了。秦國名相范雎，魏國大梁人，逃到秦國後受到重用。和蘇秦齊名的張儀是魏國人，李斯的老領導呂不韋是韓國人（他們也是相級幹部）。協助秦始皇完成統一大業的丞相李斯是楚國人，當時，有個叫鄭國的韓國水利專家，在秦國以提供技術支援為名，實際上卻幹著「特務」的勾當，陰謀敗露後，秦始皇（當時還是「秦王」）大怒，下令將所有「外國人」驅逐出境。李斯為了保住飯碗，寫了著名的《諫逐客書》，一口氣列出為秦國作出突出貢獻的「外籍人士」由余（晉國人）、百里奚（虞國人）、蹇叔（宋國人）、丕豹（晉國人）、公孫支（晉國人）和商鞅、張儀、范雎等名臣的事蹟，以此說服了秦始皇，讓他知道如果不分好壞「逐客」，對自己的統治是沒有好處的。

　　秦國如此廣納天下英才，統一的成果由他獨享絕非偶然。

　　海納百川，有容乃大。一個地方要發展，一項事業要成功，人才是必不可少的因素。兩千多年後的美國，也是靠這個辦法走上了

成功之路。吸引和鼓勵各國優秀人才移民，是美國的一個傳統（美國的開國元勳們早就認識到了人才的重要性，因此獨立之初就實行了「自由移民」政策）。據上世紀 90 年代中期的一項調查，美國所有大學中的工科教授，75%是外來移民，35 歲以下的講師中也有一半是外來人才。正是集納了地球上各國的精英們的智慧，這個「移民國家」才有了今日的發達。

說近一點。在東南沿海待過的人，普遍感到經濟越發達的地方越重視人才。這些年來，長珠閩地區通過各種優惠政策，從內地不知「挖」走了多少人才，一度造成了「孔雀東南飛」的現象（而且這些「孔雀」們飛得一點也不「徘徊」）。前不久，我的一位在贛州城區工作的朋友，僅通過幾封電子郵件，就被浙東某單位看中，經過快速考察，那邊很快給他辦了調動手續。而在前幾年，有一所高校在開學之初，8 個系主任竟有 3 個分別被上海、南京、廣州的高校「挖」走了，一時引起強烈震動。

現代社會，地區之間的競爭歸根到底是人才的競爭。前些年，不少地方（特別是經濟落後地區）對此滿不在乎，甚至還主動把人往外推。例如，在畢業生按國家計畫分配就業的年代，內地有的高校卻為了賺取一些「出省費」，想方設法把畢業生「販」到沿海地區。這幾年情況好多了，內地對人才也普遍予以了相當的重視。地處贛南的南康市，為了吸引大專以上畢業生落戶，專門制定了給他們發放「安家費」的政策。「安家費」雖然不多，但它反映了觀念的巨變。要知道，南康的教育多年來在贛南名列前茅，每年考出的大學生不在少數，放在前些年，南康籍大學畢業生主動回鄉的話，還不大好

安排工作呢（而那時還未到「大擴招」時代，該市大學生的數量遠遠不如現在）。

　　還有一個現象也值得重視：近幾年，「鳳還巢」、「燕歸來」的情況也多起來了。由於內地的用人環境正在與沿海「對接」，「孔雀東南飛」的勢頭有所弱化，而回鄉創業者卻逐日增多。我的好幾位同學，在珠三角工作了多年之後，看到了家鄉的發展，不約而同地調回來了（畢竟，大多數人還是甩不脫桑梓情結）。不可否認我們的創業環境還存在種種不足，但有人願意來肯定是好事。如果一個地方能真正讓創業者感到「爰得我所」，這個地方的崛起就勢不可擋了。

天子不與白衣同

　　「天子不與白衣同」，這是東漢光武帝劉秀的一句經典名言。話說光武帝建武十九年（西元 43 年），劉秀的姐姐湖陽公主家的一個奴僕光天化日之下殺人，犯下大罪之後躲在京城洛陽主子家裏，使官吏無法逮捕他。後來，湖陽公主出門，這個殺人犯陪同乘車，洛陽令董宣得到消息，專門在夏門亭等候，攔下馬車，大聲數落公主的過錯，然後依法將這個奴僕就地正法。

　　湖陽公主自從弟弟當上皇帝，哪裡受過這等委屈？馬上回去找劉秀告狀。劉秀大怒，立即把董宣召來，也要將他「就地正法」。董宣說：「我希望說一句話之後再死。」這個要求不過分，劉秀同意了。董宣說：「陛下復興漢室卻縱容奴僕殺人，將怎麼治理天下？不用你『正法』，還是讓我自殺算了！」說罷一頭撞向柱子。劉秀醒悟，於是改讓董宣向公主道個歉就算了，以此讓她找個臺階下。然而，董宣也是有性格的人，寧死也不肯低頭認「錯」。無奈之下，劉秀只好作罷，不再追究此事，並對董宣賞錢三十萬作為獎勵。湖陽公主不高興了，還想對弟弟來個激將法：「早年你還是平頭百姓的時候，就曾窩藏逃犯，而且使官吏不敢上門尋找；現在當了皇帝，反而奈何不了一個縣令？」劉秀不在乎姐姐譏諷自己「魄力越來越小」，笑著說：「天子不與白衣同！」（詳見《資治通鑑》第四十三卷）

　　劉秀的原話，按現代的說法，有點「領導幹部不能混同於普通老百姓」的味道。當然，你不能理解歪了。同樣這句話，現今有些

人，骨子裏的潛意識是領導幹部比普通百姓高明能幹，應該搞特殊化，在各種待遇上應當和普通百姓有所區別，否則就是降了格——本質上是歧視老百姓。劉秀的意思，按當時的情景來分析，當然是說當了皇帝要講大局，要講法紀，而不能像過去做老百姓時那樣違法窩藏逃犯、威脅國家幹部。一句話，當了領導，受到的約束應當更多，承擔的責任應當更大，做事不能太隨意、太任性。

這句話放在民主國家來說，是很有市場的，而且成為人們（不管「天子」還是「白衣」）的共識。比如，在民主國家，當你是一個普通百姓時，在不違法的前提下，你可以追逐低級趣味，可以自私自利，當然也可以偷懶、發牢騷等等；但是你一旦成了掌握公權的公眾人物，對不起，你在享受了某些特殊權利的同時，也將失去另一部分權利，比如一定的隱私權、肖像權等等，而且，不允許追逐低級趣味，不宜去燈紅酒綠的場所（儘管是合法的），說話不能信口開河……總之，你要當公眾人物，要超出普通人群，你就必須保持良好的公眾形象，必須對自己有更高的要求，起到表率作用（這也是民眾的要求），必須有捨得吃虧的精神，否則你只好回到普通人群中去。這就是權利與責任的對等。

劉秀當然不懂民主，也不可能思考民主問題，推行民主制度。但他懂這個道理，從這個角度來說，他的見識遠超一般的封建統治者。

有「意思」的是，兩千年前的封建社會，劉秀說「天子不與白衣同」，兩千年後的現代文明社會，一種與之意思相反的觀點正在悄然流行，那就是「領導幹部也是人」。這不，據報載，前不久，重慶大足縣萬古鎮黨委書記等 4 名領導乘公車經過石馬收費站時，拒繳通行費並與收費員發生衝突。一當事人承認雙方發生推擠，但認為

「領導和公務員也是人」，言下之意，此乃人之常情，不值得新聞媒體大驚小怪。這名當事人所說的話很有代表性，「領導也是人」，現在也是一句「名言」了（遺憾的是，不知其「著作權」該屬於誰），而且得到許多人的認同（不僅僅是用來開玩笑的），甚至成為領導幹部犯錯誤的漂亮藉口。

　　領導幹部當然也是人，不過，應當是比普通群眾要求更高的人，堪稱表率的人。文明史推進了兩千年，人們的素質怎麼說也該提高了若干個檔次了吧，如果在這個問題上的認識連兩千年前的古人都不如，是不是太不應該了，是不是太應該想想問題到底出在哪裡了？

有感於樊准勸學

　　東漢殤帝延平元年（西元 106 年），尚書郎樊准因儒家學風日漸衰微，上書勸學。樊准說，光武帝在東征西伐的年代，仍然投戈講藝，息馬論道；明帝（劉秀的接班人劉莊）日理萬機，仍留意儒家經典，親自到學校講課，那時，即使是期門、羽林的武士，也都人人通曉《孝經》。因為最高領導重視學習，所以開創了盛世。而現在呢，學者日益減少，博士懶得講學，儒生則只顧追求華而不實的理論和諂媚阿諛的言詞。因此，應當廣征學者大儒，為年幼的皇帝儲備良師。（見《資治通鑒》第四十九卷）

　　樊准關於重振學習之風的建議，被當時的掌權者鄧太后採納了。當然，具體效果如何，《資治通鑒》沒有提及，但根據當時的情況來看，漢朝正大步邁著下坡路，國運如此，要在全國真正興起「講學習」之風，估計是很難辦到的。

　　撇開當年的實施效果來說，光是看樊准所提出的問題，便是很有道理，意義深刻的。

　　光武帝、漢明帝重視學習，所以開創了盛世；樊准勸學時，社會風氣已完全不一樣，連正兒八經的讀書人博士、儒生都在追逐歪門邪道，形勢與以前相比真是兩重天。學習之風對於一個時代的興衰，其重要性由此可見一斑。可以說，它也是反映時代風貌的晴雨表之一。

由樊准上書勸學可見，學習所受到的重視程度，在各個歷史時期是相差很遠的，就如我們各人的學習情況千差萬別一樣。對國家來說，碰上當權者本身素質高，對學習比較重視，則整個社會將出現好學之風；碰上當權者自身不學無術，朝綱鬆弛，則整個社會不把真才實學當回事，人們熱衷於搞歪門邪道（否則要吃虧嘛），出現「厭學」情緒也就很正常了。可見，一個社會的學風如何，更多的是取決於上層（當權者）。各個時期當權者的素質是參差不齊的，所以，學習之風也是時緊時鬆。

重振學習之風，在今天來說也有很強的現實意義。當前，受各種思潮的影響，我們的學習風氣也不是很濃厚。差不多二十年前，就流傳著「高等教育商業化，教授講師商人化」之類的順口溜，說的是市場經濟大潮使以育人治學為主要任務的學者們心猿意馬，甚至「讀書無用論」的論調死灰復燃。在此之後，學習的風氣也似乎不見濃起來，倒是「十億人民九億賭」的現象更顯突出。就以目前為例，有多少人稍有時間就念念不忘「搓一把」？不會玩麻將撲克的人，絕對是落伍的，是孤獨的，甚至在某些人眼裏還是「可恥」的。8 小時之外不玩麻將而在學習的人，肯定不是主流人群。這就不難理解，中國的人均購書量會那麼小了（這絕對不僅僅是因為經濟欠發達的原因）。

1995 年，聯合國教科文組織通過決議，將每年的 4 月 23 日定為世界讀書日，並呼籲：「希望散居在全球各地的人們，無論是年老還是年輕，無論是貧窮還是富有，無論是患病還是健康，都能享受閱讀的樂趣，都能尊重和感謝為人類文明作出巨大貢獻的文學、文化、科學思想大師們，都能保護知識產權。」對於「讀書日」之類

的形式，我倒覺得不是很重要，讀書不應該成為一種形式，而應成為和吃飯睡覺同等重要的大事（同樣的道理，也就沒必要設立「世界吃飯日」了）。一個民族是否重視學習，關係到這個民族的興衰。一個不重視學習的國家，是沒有理由成為世界強國的。越來越多的國家在國際競爭中認識到學習的重要性，於是他們提倡讀書學習，紛紛發起閱讀運動，以此營造濃厚的學習氛圍，提高國民素質，增強國家綜合競爭力。

　　不學習的結果就是落伍。學習不僅是個人的事，也是國家的事。1900 年前的樊准向朝廷勸學，雖然在當時未必收到如意的效果，但此舉值得後世借鑒。在知識經濟時代，如何使學習成為每個人的自覺行動，這也是「人人有責」的一件大事，而國家公職人員尤其應當帶好頭。

缺少的不是人才是發現

　　東晉安帝義熙七年（西元 411 年），北方的後秦王姚興給大臣們下達「指標」，要他們尋找薦舉賢能的人才。右僕射梁喜說：「臣幾次接受詔命，但沒有得到一個那樣的人，可見當今世上確實缺乏人才。」面對沒有完成「任務」的梁喜，姚興毫不客氣地批評道：「自古以來的帝王在幹一番大事業的時候，從來不曾在古人當中借用宰相，也不曾等待在將來出生的人當中招聘大將，他們都是在當世隨時隨地選任人才，結果照樣能把國家治理得好好的。你自己缺乏識才拔才的眼光，怎能誣衊說四海之內都沒有人才呢？」（見《資治通鑒》第一百一十六卷）

　　姚興批評梁喜不能識才的這句話（原文是「卿自識拔不明，豈得遠誣四海乎？」），和法國雕塑家羅丹那句名言「這個世界缺少的不是美，而是發現美的眼睛」異曲同工，當然，姚興說這句話時，比羅丹早了 1400 多年。姚興的駁斥很有力度：照你梁喜這麼說，我們要做點事業，豈不是要請死去的古人「還魂」或者等到若干年後「人才」出生、長大了再說？

　　人才的降生，在理論上來說，是不會受到時空影響的（正如姚興所言：有志之士可隨時隨地用人）。至於有的歷史時期人才輩出，有的歷史時期「萬馬齊瘖」，這不是「人才」自身的原因，而是人才成長的外部環境所致。「萬馬齊喑」的年代，是環境把人才埋沒了，使他們根本沒有嶄露頭角的機會或願望，所以，在這種時期，看得

見的人才會顯得少些。然而，即使是在這種環境下，具備「人才」素質的人還是很多的，問題的關鍵所在，是用人者或用人單位缺少發現人才的眼光、途徑，缺少給人才施展十八般武藝的舞臺。

人才不可能一出生就在額頭上打上了「人才」標誌，等待用人者來挑選，他們是在實踐的過程中逐步成熟的。歷史上，從一介草民而成為傑出人物者不計其數。漢朝的開國君臣劉邦、蕭何、韓信等人，大多數在發跡前也是混得很差的；南北朝時期劉宋政權的創立者劉裕，更是「貧下中農」出身；人們非常熟悉的諸葛亮，參加「革命工作」之前，不過是個鄉野農民，日子過得也不怎麼樣。事實證明，只要有機會，很多不起眼的小人物都能成就大事業的。

天涯何處無芳草，人間怎會缺英才？四處尋覓而不見其人，要麼是眼力太差，要麼是方法不對，責任當然在自己而不在「人才」。

當然，也不能只怪姚興的部下梁喜。實際上，梁喜所說的情況，在今天也還是普遍存在的。「人才難得」的感歎，我們仍時常聽得到，而在這感歎的周圍，是否真的缺了人才？

前不久，我在某單位聽到一句話，仔細品味，覺得太有意思了。這家單位的人們歡道：「我們這裏真是個『出生入死』的地方！」此話妙就妙在「出生入死」這個成語的活用。原來，這家單位多年來有這麼一種現象：從這裏跳出去的職工，一個個都生龍活虎，無論在哪個單位、哪個地方，都是出類拔萃；而從外面引進來的「人才」，進來以後無一例外「水土不服」，最終偃旗息鼓，一事無成。這只能說，這家單位的用人機制出了嚴重的故障，事實上，類似的情況何止存在於某一家單位、某一個地方？

　　還有一個現象也值得關注。有些地方很注重借助外力，向外招聘人才，這當然是好事。然而，另一方面，他們卻無視於本土人才的發現、培養，其引進來的「人才」，其實在本地也有的是。人們形容這種現象為「外來的和尚會念經」，其結果往往是引進來的人才成了「花瓶」（這種用人者其實是「葉公好龍」），本土人才的積極性、創造力也完全被扼殺。這真是得不償失。我當然並不反對從外面引進人才，但我覺得，比「外引」更重要的，是多些「發現」的眼光，從身邊看起，充分用好內部人才、現有人才，這樣才不會造成人才浪費。

　　給每個人提供應有的機會，使社會做到「人盡其才」，這才是用人的最高境界。我相信，只要用人者善於「發現」，「六億神州盡舜堯」還真不是誇張的說法。

歷史名人是寶貴的文化資源

　　最近在中央電視臺八套播放的電視連續劇《大明奇才》，講述了贛州鄰市吉安人氏解縉的傳奇經歷。解縉因為主修《永樂大典》而名垂青史，關於他的民間傳說，在贛南也有不少，筆者小時候在偏僻山鄉便常聽老農們講起他的故事。在歷史上，吉安是江西的才子之鄉，歐陽修、楊萬里、文天祥、解縉等都是知名度很高的歷史人物。這個資源用得好的話，對提高吉安的知名度將產生直接影響。

　　和吉安相比，贛南的歷史名人數量沒那麼多，影響也沒那麼大，這是我們的不足。但是，在本土仍有一些頗具特色的歷史人物值得後人研究、宣傳，這項工作做得好的話，他們也完全可以在全國產生較大影響。比如鍾紹京、曾幾、戴衢亨等幾位，可以說，他們的歷史地位並不低，至於「名頭」沒那麼響，和後人的宣傳不足是有一定關係的。

　　鍾紹京，唐代贛縣（後析出為今之興國縣）人，在他身上，有兩個特色值得後人研究。其一，鍾紹京有「江南第一宰相」之稱，是江南地區在全國性政權最早擔任宰相的人物，雖然任職時間短暫，但任職過程具有傳奇色彩；其二，與短暫的仕途輝煌相比，鍾紹京的書法藝術是不朽的，他的《靈飛經》堪稱中國書法史上的傑作。

　　曾幾，宋代贛州人，詩人，作品在當時便有相當影響，晚年曾為大詩人陸游之師。現在贛州城最繁華的文清路，即為紀念曾幾（他諡號「文清」）而命名。

戴衢亨，清代大餘人，一位有作為的狀元宰相。歷史上，贛南共出過 4 名狀元（包括 2 名特科），也出過數名宰相，這兩方面均以戴衢亨成就最大。戴衢亨大器早成，57 歲人生，從政 40 多年，可圈可點之處頗多。

這幾位先賢的事蹟，好好挖掘的話，都可以成為一個地方的歷史文化「名片」。據筆者瞭解，多年來，贛南的文化人也確實做了些相關工作，關於研究、推介這些歷史名人的文章有不少，其中的鍾紹京，鍾姓後人還搜集整理了不少資料。研究曾幾的學術文章在報刊也常有發表。在戴衢亨的家鄉大餘，也有學者關注其人其事。但是，另一方面，我們也要看到，在研究、推介歷史名人方面，我們還是缺乏「大手筆」，比如系統完整的專著，比如能夠打開局面叫得響的文學作品、影視作品，比如能給人留下深刻印象的紀念館舍。因此，這些卓有成就的先賢，隨著時光的流逝，越來越不被外人知曉，甚至本地人也對他們感到陌生。

一個地方的文化底蘊，要靠一定的文化名人來體現。文化是軟實力，文化底蘊對提升地方的知名度，產生的效果太大了。人們也許沒去過某個地方，但可能因為某個知名人物或文化產品，對那個地方久仰心儀。在「名氣就是生產力」的今天，知名度給一個地方帶來的機遇是無法估量的（這就不難理解，這些年很多地方總是想方設法拉到幾個歷史名人來做宣傳，實在找不到歷史名人的話，就連神話中的孫悟空之類也認來做老鄉了）。前些年金庸在最後修訂他的作品時，筆者曾經和朋友開玩笑：我們贛州不妨借此機會找金庸協商，建議他把《天龍八部》裏發生在大理的故事改成發生在贛州，比如時間稍微調整一下，大理段氏變成贛州盧氏（以盧光稠為背

景），段氏一陽指變為盧氏一陽指，大理天龍寺改為贛州通天寺⋯⋯這樣，改稿本身便是一大新聞，受廣大讀者關注；以後拍電視劇，往往是以這個修訂本為腳本，那麼，贛州因為金庸作品的影響力而名聲在外，至少旅遊業就一下子上去了⋯⋯玩笑歸玩笑，倘若贛州真能產生這種讓世人矚目的力作，這可比做什麼廣告都強啊！在贛南這些歷史人物身上，難道就沒有這樣的閃光點？

　　當前我們正在大力發展和繁榮文化產業，筆者覺得，不能忽視挖掘歷史名人這一寶貴資源的工作。有關方面不妨將其列為重大課題，專心致志，認真破題！

「陽光」之功

　　唐太宗李世民在位期間，政治清明，賢才輩出，是中國封建史上少有的「黃金時代」。世界上沒有無緣無故的愛，事情的發生，總是有它的內在原因。李世民的成功經驗在哪裡？《資治通鑒》第二百一十一卷有一段話道出了其中重要的一點。

　　這段記載說，貞觀時期有個規定：中書省、門下省及三品官入朝奏事，必須有諫官、史官隨同，如有過失則及時匡正，不管善惡都記錄在案；諸司奏事都在正衙，御史彈劾百官，要戴上豸冠，對著皇帝的儀仗朗讀彈劾的內容。所以，李世民時期，大臣沒辦法單獨控制或蒙蔽皇帝，皇帝身邊的小臣也沒辦法進讒言。到了許敬宗、李義府（二人都是唐高宗提拔的宰相）執政時，朝政多在隱祕中策劃，官員奏事多是等儀仗撤下後祕密進行，諫官和御史也是隨皇帝的儀仗一起退出，後面的事他們根本無從知道。唐玄宗時期，宋璟擔任宰相，想恢復貞觀年間的做法，玄宗批准道：「今後凡事若非必須保密的，一律對仗奏聞，史官要按貞觀時的舊例記錄。」

　　我們知道，唐朝近三百年歷史，真正給「唐人」帶來榮耀的，正是唐太宗的「貞觀之治」和唐玄宗的「開元盛世」。唐太宗時期和唐玄宗前期，朝廷議事、決策在公開場合下進行，所以取得了「大治」的成果。唐玄宗後期，情況發生了變化，自從他把直言的宰相張九齡撤職，改而信任「口蜜腹劍」的李林甫之後，「公開議政」便

成了私下開小會，結果換來了大亂的局面。由此可見，偉大的政績來之不易，其中「陽光操作」的方式功不可沒。

兼聽則明，偏信則暗，這已是「老生常談」了。然而，即使是人們的耳朵聽得起了繭，這句老話還是有常提的必要。現在的某些領導很容易被下屬糊弄，不就是因為議事時沒有讓「陽光」照進來，一切都在陰暗的角落裏由幾個心術不正的人偷偷地運作嗎？

由於體制的弊端，當前，「外行領導內行」的現象仍不鮮見。當然，從管理學的角度來說，某個行業、單位的領導人，未必需要精通本行業的專業水平，他只需要懂得宏觀管理就行了。然而，就是在這個問題上，一些別有用心之徒就有了趁虛而入的機會。這些人大多是領導身邊的人，或者是剛剛設法接近了領導的人，往往在本行業混過一陣子，多少有那麼半桶子水（屬於「在專業人士面前是外行，在外行領導面前是內行」的那種）。他們瞄準領導初來乍到完全不懂這一行的業務這一「優勢」，為了達到個人的目的，以業務知識為幌子，冠冕堂皇地迷惑領導，引導其進入管理的誤區，從而作出錯誤決策，對整個行業（或單位）帶來不可估量的損失，埋下難以根除的隱患。如果這個領導在剛上任時就能夠開誠佈公，廣泛徵求各方面的意見，並將大家的意見拿到陽光下曬一曬，個別小人的陰謀詭計就沒那麼容易得逞了。

關係到大眾利益的事情，沒什麼不可見「陽光」的。「公開」是監督的前提和基礎，是公權得以正常行使的保證，是集思廣益的有效途徑，在今天來說，更是促進民主政治的重要手段和方法。這些年，「陽光政務」、「陽光工程」之類逐漸成為社會上的流行語，由此可見「陽光」的做法已越來越被人們重視、認可。陽光的確是重要

的，陽光可以殺菌，可以照明，可以給人帶來溫暖。熱愛陽光是人之常情。「白日一照，浮雲自開」（蘇軾〈賀端明啟〉），李世民「貞觀之治」的經驗告訴我們，對於手上掌握一定公權的人來說，相信「陽光」，比相信自己的能力更重要。

任人唯親有理乎？

　　說到「任人唯親」，可真是個容易引起公憤的話題。自古以來，「一人得道，雞犬升天」的現象屢見不鮮，通過裙帶關係之類的「非智力因素」升遷者大有人在。某些領導提拔任用幹部，基本上是從身邊開始，從家裏開始，於是，祕書、司機可以「坐直升飛機」，凡是沾親帶故的都安排了好位置，這個領導本人則成為眾人心目中的「好大一棵樹」……

　　當人們批評這種現象時，任人唯親者往往還振振有詞：「別的人，我根本不熟悉，不瞭解，怎麼能夠放心提拔重用他們?!」而很多群眾聽了這個話，又覺得是有道理，於是不再深究，不再責難，漸漸習以為常，甚至認為用人的確應當如此才「合理」，不提拔身邊的人才怪呢。

　　唐德宗時期的宰相崔祐甫就是這樣做而且這樣說的。崔祐甫擔任中書舍人時，與宰相常袞矛盾很深。經過一番「較量」，崔祐甫勝了，取代常袞出任宰相。崔祐甫為了壯大自己的勢力，網羅有聲望的人，不斷推薦提拔幹部，當宰相不到兩百天，各級幹部任命了八百多名。唐德宗曾經對他說：「有人指責你，說你老是用一些沾親帶故的人，為什麼要這樣？」崔祐甫答道：「我為陛下選擇人才，必須十分慎重，如果我不認識他，怎麼知道他的才幹、德行，又怎麼任用他呢？」唐德宗聽了，深以為然（見《資治通鑒》第二百二十五卷）。

　　按照崔祐甫的邏輯，放在今天來說，縣裏提拔科級幹部，縣委組織部長（甚至縣委書記）必須認識全縣的普通幹部，才算做到公正公平、對人民負責；市里提拔處級幹部，市委組織部長（甚至市委書記）必須認識全市的科級幹部……依此類推。這樣的話，就算組織部長或書記們有三頭六臂，也沒辦法真正勝任用人方面的工作了，因為光靠他們個人，根本達不到這個「要求」。而在崔祐甫所處的年代，交通、資訊極不發達，崔宰相不可能常常到地方調研，地方的官員也不可能個個都有機會當面向崔宰相彙報工作，如此，他的選人範圍之小，也就可想而知了。在身邊幾尺範圍內遴選「人才」，居然還敢自我標榜是對上級、對組織負責，這人的臉皮真是夠厚了。更可笑的是唐德宗，面對得了好處還賣乖的部下，居然還認為「該同志不錯」。

　　從對自己有利的角度看問題，什麼事情都是有道理的。任人唯親（關鍵是那個「唯」字）該不該，有理乎？這根本就是個不值一辯的問題。今天我們需要解決的問題是，如何才能讓這種現象真正成為歷史。

　　根本的做法，當然是建立健全有關制度，通過設定科學合理的程序，讓人才（不管領導認識還是不認識的）能夠及時浮出水面，得到發現與任用。這是一個很系統的工程，當然不是三言兩語能說清楚的，也不是一年半載能實現的。對這個問題，我覺得某些走向現代管理模式的家族式企業的做法值得借鑒。家族式企業在創業之初，由於主客觀條件的限制，往往是典型的任人唯親，但當他們「覺醒」之後，有意做大做強時，就會在用人政策方面作出重大調整。採取現代管理模式的家族式企業，對於那些沾親帶故但能力明顯適

應不了崗位需求的人，老闆寧願把他養在家中做閒人，也不讓他到企業尸位素餐。這是因為，如果不這樣做的話，一則這種人在崗位上由於工作做不好，直接影響企業的效益（這可是老闆的切身利益），二則這種人出現在企業，極易在員工當中產生消極影響，擾亂軍心。這筆帳算起來，老闆可就虧大了，所以寧願白花一筆錢安置他，也比導致上述結果更合算。這種企業的做法告訴我們，要讓用人者真正從內心深處樂意任人唯賢，只有建立一種機制，使用人者感到，用人不當，首先損害的是自己的利益！

拜託，別「玄宗玄宗」的亂喊

　　最近，梁羽生的小說《大唐遊俠傳》被張紀中改編成電視劇，在中央電視臺八點檔熱播。二十年前讀中學時，梁羽生的作品曾經是我們的「精神食糧」中的美味佳餚，如今梁大俠雖早已金盆洗手隱居澳洲，但看到他的東西重現江湖，仍然感到親切。張紀中對梁羽生原著作了較大的改動（如段克邪與空空兒變成了同一個人，鐵昆侖、羊牧勞、皇甫嵩更是「三位一體」），從增強故事的懸念來說，倒也有可取之處，咱沒更多的意見；咱最大的意見是，提到當朝皇帝李隆基時，劇中人總是「玄宗玄宗」的說個不停（比如精精兒要空空兒去刺殺唐玄宗時，二人一口一句「玄宗」），聽得多了，忍不住想對他們說：住嘴！這「玄宗」二字是你們能喊的麼？

　　倒不是「玄宗」二字神聖不可侵犯需要避諱，而是演員（包括導演甚至編劇）們犯的錯誤太低級。

　　稍有歷史常識的人都知道，所謂這「宗」那「祖」的，乃是封建帝王的廟號。唐朝的「玄宗」，即李隆基的廟號。廟號，是皇帝死後在太廟立室奉祀時特起的名號（注意：是「死後」），並不是每個皇帝都有（特別是隋朝以前），比如明惠帝，皇位被叔叔朱棣（即廟號明成祖者）奪去了，朱棣就沒給他廟號。還有許多末代皇帝，也只有諡號而沒有廟號。廟號不是亂取的，而是像諡號那樣有一套「操作規則」，比如「有功為祖，有德為宗」便是一條「標準」，雖然事

實上執行起來並不那麼嚴格（特別是唐朝以後，許多無德皇帝也有廟號成了「宗」）。

回過頭來說電視劇《大唐遊俠傳》，劇中的李隆基還是活生生的皇帝，不要說精精兒、空空兒之類的草莽，就是李隆基自己，也根本無法知道自己的廟號是什麼（再說下去，安史之亂期間，李隆基在逃亡路上，說不定還要擔心自己這輩子沒機會擁有廟號了呢）。劇中人未卜先知，提前把人家的廟號叫出來了，豈不滑稽？除非他們也像《尋秦記》中的項少龍那樣，是乘著「時光倒流器」回到唐朝的。

其實何止是《大唐遊俠傳》，還有很多古裝戲也在犯同樣的低級錯誤（不僅僅是「廟號」問題）。早在十多年前看電視劇《楊家將》時，便看到遼國士兵在彙報中稱當時在位的趙光義為「宋太宗」，為此我還在《江西廣播電視報》發了個小豆腐塊〈「太宗」質疑〉。前不久也在中央電視臺八套播放的《大明奇才》，因為與贛南有地域上的「貼近性」，於是看了一下，結果也發現同樣的問題：解縉考舉人時遭主考官刁難，其時朱元璋尚在位，主考官竟然說出「太祖皇帝登基以來」的話。這些年，少有看電視，偶爾看看就發現了類似的情況還在大量出現，於是覺得，向演藝界的女士先生們普及些基本常識，恐怕還是很有必要的，否則，這樣下去的話，他們的作品不但不能讓觀眾在娛樂中得到點提高，說不定還會讓人越看越沒文化。

由「資格證」扯到林沖的「投名狀」

好友老鍾，幾年前就多次在我面前炫耀他的駕駛證。然而，前不久他偶爾借車外出辦事，卻是另請高明來駕車。我不解地問老鍾，既然有駕照，為何不親自駕車？如果開不了車，弄個駕照又有什麼意義？老鍾以語重心長的口氣告訴我，這是一種重要的資格，有了這個本子，就表示自己擁有了開車的資格——至於實際能不能開車，那是另一回事。

原來，駕車這種極講究實用性的技能，也可以用本子來「資格」化。

駕車事關安全，大多數人還是更重實技的，不像老鍾那樣把「本子」擺在第一位。而在駕車以外，更有各種各樣的「資格證」考試，造就了一批又一批的「持證人員」（而未必是「人才」）。

「考證」簡直成了當前社會生活中的一個「關鍵字」。特別是對大學生來說，大擴招以後，招生數和就業崗位脫鉤，就業壓力越來越大，於是，許多大學生為了增加就業籌碼，只好不斷地參加各種「資格證」考試，許多學生因此擁有了大批的「資格證書」（至於實際工作能力，恐怕連他自己也不知道——只有天知道了）。難怪有人如是說：「我們進入了瘋狂考證的時代。」

當然不能怪學生，他們也是被逼的，畢竟，考試這樣的事，除了考官樂意幹，誰愛幹？問題是，這「資格證」考試像秋林裏的一把火，越燒越大，越燒越旺盛。以本人所從事的行業來說，以前沒

有「資格」考試這回事時，從業門檻還是較高的，大家兢兢業業，謙虛謹慎，整個行業的社會美譽度挺不錯。後來，某一天，上頭說要規範了──規範措施就是考證。於是，在這個行業幹了十幾年的我們，老老實實背起了那些考後即忘的題目，戰戰兢兢地走進考場，獲得一紙證書之後才明白：原來在此前咱們是沒有資格或不夠格幹這一行的。再後來，卻發現在我們這個行業裏，考試越來越容易，某些持有資格證的人學歷越來越低，能力越來越差，甚至品行越來越糟糕，更要命的是，因為他們的「加盟」，這個行業的社會地位江河日下，今非昔比。可有什麼辦法呢，那些人雖說原本進不了這個行業，可人家怎麼說也是有「證」的人了，即使根本沒有實際操作能力，但「資格」還是具備嘛。

最近看了報導，更知道當前的「考試經濟」已經「產業」化了，數額達幾千億元。連國家有關部門也認為，資格證考試制度在實施過程中存在一些突出問題，其集中表現即考試太亂、證書太濫。有的地方，甚至連倉庫管理員也要考資格證。

這就使筆者想起了《水滸傳》裏林沖交「投名狀」的事。二者本來毫不相關，但既然想到，那就順著這個話題扯下去吧。

看過《水滸傳》的人，對「投名狀」也許有較深的印象。林沖在國家機關下崗後，前往梁山投奔王倫。王倫一看，來了個在官方評上了高級職稱的傢伙，不好管理呀，說不定日後自己的位子都會被他奪去呢！心下很想拒絕，但礙於林沖手裏拿著老朋友柴進的介紹信，便說：「你若真心入夥，把一個『投名狀』來。」有道是「隔行如隔山」，林沖當時沒聽懂，傻傻地說道：「小人頗識幾字，乞紙筆來便寫。」還是朱貴在一旁提醒：「教頭你錯了。但凡好漢們入夥，

須要納投名狀，是教你下山去殺得一個人，將頭獻納，他便無疑心，這個便謂之投名狀。」用現在的話來說，你林沖在官方工作時是高級職稱，進入了「人才庫」，但現在要加入土匪隊伍，那是轉「系列」了，得從頭開始，先考個土匪行業的「從業資格證」再說。

也活該他林沖倒楣，考個「資格證」居然千難萬難（直到他把王倫掀翻，其實也還沒獲得「證書」）。奇怪的是，主持資格證考試的王倫下臺後，以後的好漢們上山，梁山卻似乎對「資格證」不作要求了。由此看來，當時梁山的資格證考試隨意性極大，甚至成了某些人打擊異己的手段。

不可否認，當前的職業資格制度是市場經濟條件下科學評價人才的一項重要制度。但是，制度的執行需要講究科學合理性。如果像王倫那樣，考試是用來刁難人的（現在的某些考試則純粹是用來創收的），這種卑劣的出發點就不可取了。另一方面，對於那些確實需要執業資格考試來規範的行業，「考」過之後就應嚴格實行持證上崗的做法，否則，這個考試也是多此一舉。以我所在的行業為例，雖然「考證」已有幾年了，可「無證駕駛」的現象還不是十分普遍，而且根本沒人管？對於這種考試，我們完全有理由懷疑其意義。

資格證啊資格證，如果你不做好事，那你就肯定做成了壞事！你要麼成為衡量人才的一道杠杆，要麼就是扼殺人才的「溫柔一刀」。

今人拘泥於用人的格式化、資格化，一千多年前，五代十國時期的周世宗卻敢於突破這一點。《資治通鑑》第二百九十四卷載：周世宗打算任用樞密使魏仁浦為宰相，參與商議的人認為魏仁浦不是從科舉及第，不可以擔任宰相（也就是沒有取得擔任宰相的「資格證」）。周世宗說：「自古以來任用有文才武略的人做宰輔，哪裡全是

由科舉及第的呢！」還是打破條條框框，任命了魏仁浦為宰相。後來的事實證明，魏仁浦雖然「學歷」、「資格」不夠，但沒有人認為他是個不合格的宰相。

今天各行各業在任用人才時，怎能只認衣裳不認人，把資格證看得高於一切，走向形式主義的極端？還好，資格證考試存在的突出問題，已經引起了國家的重視。2007 年底，國務院辦公廳下發了《關於清理規範各類職業資格相關活動的通知》，報導說，這個通知出臺後，「屆時，隨意進行與職業資格相關的考試、亂發證、濫收費等活動將被終結」，但願如此！

「大赦」之弊

　　讀史書，常常能看到某某帝王宣佈「大赦天下」的記載，其原因要麼是慶祝新帝登基，要麼是太后或皇帝自己做大壽，要麼是國家遇上了別的什麼事。舊時的小說或戲劇更是對此常有反映，由此也派生出一些「人間喜劇」，比如某個忠良或受冤枉的百姓眼看著就要屈死了，忽然碰上皇帝老兒的大赦令，絕處逢生，親人喜團圓……在古人的意識裏，從「大赦天下」看到的更多的是皇恩浩蕩。

　　「大赦」雖然是帝王們為收買民心、緩解社會矛盾慣用的一種手段，甚至可以說是被大多數人接受的一種常態，但在歷史上，反對「大赦」的人也是有的。

　　大名鼎鼎的諸葛亮便對「大赦」持反對意見。據《資治通鑑》第七十五卷記載，西元 246 年，蜀漢實行大赦。大司農孟光為此當眾責備宰相費禕：「夫赦者，偏枯之物，非明世所宜有也。」意思是說，實行大赦，就像樹木一半茂盛另一半卻枯槁一樣，是一種偏頗的措施，不是真正的聖明之世所應該有的事。書中還把諸葛亮拿出來做比較，說諸葛亮擔任丞相時，有人對他不肯實行大赦有意見，諸葛亮則認為：治理國家要靠大施德政，而不是依靠小恩小惠，以前的劉表、劉琮父子每年都實行赦免，可對治國帶來了什麼好處呢？由此，蜀國人都很稱讚諸葛亮的賢明，知道費禕比不上他。

　　的確，動不動就「大赦天下」，用現在的話來說，這是典型的「人治」思維。「大赦」根本不是對百姓實施「恩惠」的有效辦法，更不

可能成為解決「冤獄」的良方妙藥。對老百姓來說,「大赦」並不能使多數人得到實惠,而消除「冤獄」,則是需要公正透明的司法制度來做保障的。在所謂的「大赦」中,獲得解救的「良民」畢竟是少數,更多的情況,恐怕是那些真正的罪犯,眼看著就要伏法,還給受害者一個公道了,可是一道「赦令」下來,他們又可堂而皇之地逍遙法外了,而受害者卻只能對此乾瞪眼,一點辦法也沒有。

反對「大赦」的,還有南北朝時期的北魏獻文帝拓跋弘。《資治通鑒》第一百三十三卷提到,拓跋弘認為普遍赦免罪犯,反而鼓勵了人們犯罪,所以自延興(北魏孝文帝年號,其時獻文帝奉馮太后之命禪位給 5 歲的太子孝文帝,自己成為「太上皇」)以後,北魏不再實行大赦。拓跋弘是個只活了 22 歲的年輕皇帝,能有這般見識,算是很不簡單了。

不分青紅皂白實行「大赦」,表面上看是統治者寬厚為懷,其實是一種很不公平的做法,更可笑的是,有人甚至利用這種「政策環境」大鑽法律的空子。東漢桓帝時,有個名叫張成的人,預測到朝廷將要頒佈大赦令,就教他的兒子在此期間殺人,來個「不殺白不殺」(見《資治通鑒》第五十五卷)。如此荒唐事,只有在那種絕對人治的社會才會發生。

「大赦天下」的做法,除了破壞公平、鼓勵犯罪,最大的弊害還是損害了法律的權威,動搖了制度的穩定性。當權者心血來潮,一句話就可以使法律制度成為一紙空文,這樣的法律制度怎麼有資格受到人們的普遍敬仰?一項制度,一旦不被人信任,它那維護秩序的功能也就喪失得差不多了。

　　良好的制度，需要在平穩的社會環境中運行。中國幾千年封建史上，為何沒有哪個朝代建立了一套像樣的制度？就是因為無論在哪個帝王的手上，制度的更改都存在很大的隨意性。「形同兒戲」的制度，本來就當不得真的，還能指望它傳承下去？如果一項制度確立之後，沒有誰能以「個人」的身份任意更改它，那麼，這項制度即使在某些方面存在一定的「僵化」毛病，但從長遠來說，肯定要比那些過於靈活的制度管用得多，因為它是真正屬於「大家」的。為什麼有些發達國家的領導人更換頻繁卻並不影響國家經濟社會的發展？根本的原因就在於他們有一套這樣的制度。

　　這麼一說，仔細琢磨古代的「大赦」之弊，對今人如何做好管理工作還是有所借鑒的。

「拖拉機」三定理

　　八小時之外沒什麼娛樂活動，頂多就是和幾個氣味相投的朋友甩幾把不帶「經濟效益」的「拖拉機」。打牌也不忘做個「學習型」牌友，多年下來，略有心得，與牌友們共同悟出「拖拉機」三定理（算是集體智慧的結晶吧），現整理出來供牌壇後輩參考。

　　其一，取長補短定理。該定理俗名「狗屎理論」，源於一位牌壇前輩的名言：「拿對家埋下的底牌，就算是狗屎也要撿起來！」「拖拉機」打法的妙處之一，就是在開戰之前，底牌與主牌充滿變數，埋下的底牌，隨時可能被具備條件的下家拿去重埋。如果是對家互換底牌，這牌對另一方來說就幾乎沒法打了。但是，也有業務不熟練的，拿了對家的底牌，一看對自己並沒什麼用處，便完璧歸趙，這樣就不外乎兩種結果：如果對家有條件再次改牌，無法從底牌中撈到什麼好處，只能是徒勞一場；如果對家沒條件改牌，兩人手上的牌因為純屬自然生成，也就無法互相照應。不管如何，改牌不實踐「狗屎理論」，雙方的優勢就不能互補，只能是白白浪費了換牌的大好機會。

　　局外語：工作上的合作何嘗不是如此？一個有戰鬥力的團隊，往往是成員之間善於互相瞭解，在合作中取長補短，配合默契，使團隊力量倍增，從而順利克敵制勝。唐太宗李世民之所以能取得貞觀之治的政績，就在於他這個優秀的「莊家」擁有一批同樣優秀的「副家」，而其中最突出的又要數魏徵。如果沒有魏徵這樣的「副家」

不斷地彌補李世民的不足，貞觀之治就不可能成為中國封建史上的千古絕唱。

　　其二，先發制人定理。108 張撲克牌是神奇的，大家手上的牌，沒有最強，只有更強。你手上貌似有好牌，但別忘了敵方可能也不弱：你有三拖，人家甚至有四拖；你的主牌多，但人家的副牌可能是「抱團作戰」。強弱只能是相對的。在這種情況下，誰搶到發牌權，就顯得至關重要。先發牌者，往往可以打亂敵方的陣腳，讓他有力發不出，有勁無處使，最後使其有生力量潰不成軍。所以，高明的副家往往會在莊家首次調主時，以最大的火力接過發牌權，然後不遺餘力地為莊家減負（消滅副牌）。而如果手上有好牌捨不得出，留著不僅難增值，反而可能大大貶值甚至完全作廢。

　　局外語：先下手為強，在多數情況下是正確的策略。發財要趕早，出名趁年少，說的都是這個道理。能否及時抓住機會，是成功與否的重要因素。在競爭越來越激烈的社會，盡量別輸在起跑線上。還是說李世民和魏徵吧。魏徵以前的「莊家」是李世民的大哥李建成，而李世民則是他們的對手。魏徵曾經勸李建成先發制人，然而李建成沒當回事，結果，李世民果斷地搶過了「發牌權」，玄武門之變，一局定終身。

　　其三，頑抗到底定理。常打「拖拉機」的朋友都有這種體會：只要還沒打過 A，就不可輕言勝負，因為一切皆有可能發生變化。所以，領先的一方不能大意輕敵，處於弱勢的一方一定要振作，形勢再糟糕也不要放棄最後一根稻草。有一次，與曉強君搭對家，對手青雲直上，很快打 A 了，我們還沒開張。這時，曉強君說，還是節約時間，這一局到此為止，我們攤牌認輸算了。我嚴肅地批評了

他的「投降主義」錯誤，堅持要打完最後一把。結果，機會就在對方一個細小的疏忽中產生了，我們總算撿夠 80 分，取得了做莊權。更沒想到的是，從此牌風大好，勢如破竹，最後的勝利竟然屬於我們。此役讓牌友們深刻認識到「頑抗到底」的重大意義，成為「勵志」的活教材。

　　局外語：當年劉邦與項羽過招，可以說，項羽早早地打到 A 了，劉邦卻還處於初級階段。最後的結果，卻是早早打到 A 的項羽終究沒能打過 A，遙遙落後的劉邦卻成了最終的勝利者。我想，項羽是註定了無法瞑目的了，如果他「頑抗到底」，過江東捲土重來，或許會有別的結果呢。歷史總是有驚人的相似之處，類似的「牌局」還有不少。再想想自己親歷的一件事：十多年前參加高考時，至關重要的數學出現重大疏忽，按常理上大學的希望基本上不再有了，但我還是抱著僥倖心理堅持考完後面幾科。結果，成績出來，數學雖然完蛋了，但總分還是上線，就這樣驚險地圓了大學夢。由此悟出：人生變數何其多，不言放棄是至理。

富貴不認親爹

「花喜鵲，尾巴長，娶了媳婦忘了娘。」這是一句在民間流傳久遠的民謠，特別是上世紀 80 年代，常聽村裏的老農們引用，為此，小時候我還以為這喜鵲真是天下最不孝的動物呢。其實，當時的諷刺對象，主要是那些從農村裏走出去，在城市裏安了家的大學畢業生或從農民身份變成工人的年輕人。他們過起了城市裏的小日子（特別是娶了個城市戶口的老婆）之後，得了「妻管嚴」的毛病，不把老人放在心上了，而國人罵人總是講點藝術的，結果就罵到了無辜的喜鵲頭上，真是冤哉枉也。

「娶了媳婦忘了娘」的事情的確不少，在傳媒業發達的今天，我們經常可以看到有關報導。與此相類似也更普遍的，則是「一闊就變臉」，富貴起來翻臉不認人的那些人和事，而其中的可惡者，甚至連親爹都不認。

五代十國時期（《資治通鑒》紀元用的是「後梁均王貞明三年」——西元 917 年），晉王李存勖有個最受寵愛的妃子劉夫人，其父親是成安人氏，以行醫占卜為業。劉夫人小時候，被晉將袁建豐搶進王宮。劉夫人跟隨晉王在魏，其父聽說她已經顯貴，特地跑到魏宮拜見晉王李存勖，要求認親。李存勖對此倒也比較重視，先召袁建豐前來辨認。袁建豐說，此人的確是當初那個保護劉夫人的黃鬚老頭。李存勖於是將「天上掉下個老丈人」的事告訴劉夫人。不料，劉夫人此時正和李存勖的其他幾個夫人爭寵，為了顯示尊貴，幾個

人正互比門第高低呢。聽說有個聲稱是自己老爹的貧賤老頭找上門來，劉夫人勃然大怒道：「我父親早已死於兵亂，哪裡來的鄉巴佬，竟敢找到這裏來？」讓人在宮門口把劉老頭狠狠地打了一頓。(見《資治通鑒》第二百七十卷)

　　這個劉夫人，為了自己的面子，連親爹都不認了，說她鐵石心腸，一點也不為過。怪只怪那劉老頭不爭氣，只是一個「田舍翁」出身，要是位居將相，骨子裏流淌著某個王侯貴族的血液，看這個劉夫人還認不認（即使她嫁給了皇帝，也需要體面的娘家人來撐撐面子的）。陳世美富貴不認妻兒，那只是舞臺上的事，劉夫人富貴不認親爹，卻是見於史書的事，這就使人不得不感歎：侯門一入深似海，權勢、金錢太容易改變一個人了！

　　一闊就變臉，當然不是身居高位者才有的毛病，其實，很多普通百姓心裏也有這種劣根性。很多年前讀大學時就見過這麼一例。有一次，一個衣著「落伍」的農民帶著大包小包前來學校找某個同學。該同學向同窗們介紹，來者是進城辦事的同村老鄉，家裏託他捎了些東西過來。本來大家也沒往心裏去，可是後來，該同學的一位老鄉兼同窗無意中道破了真相：來者其實就是那同學的父親。從此，一提到該同學，大家心裏總感到不是滋味。你看，他都還沒「闊」起來呢，就這樣了，要是哪天真的發達了，不知眼裏還能裝下誰？

　　有的人，眼睛只會往上瞧，誰比他混得好就「敬仰」誰（在這種人身上，這種心理可以說是自然生成的），不管那人會不會搭理自己，自己先搭上去再說。就像魯迅說的那種人，去財主家乞討未成，被財主罵了句「滾出去」也高興得四處炫耀自己和某闊佬「對上話了」。這是一種典型的奴性心態。另一方面，這種人對於「層次」比

自己低的人，那是一概不放在眼裏的，即使那個人曾經和自己是同一陣營的患難兄弟。在他們心裏，根本沒有什麼真正的感情可言。兩千多年前，陳勝和一幫貧寒兄弟一起給人打工時，曾經約定「苟富貴，勿相忘」。後來，陳勝揭竿而起，親自稱王，從底層升到高層了，那些舊時的兄弟果然找上門來。這些人由於沒有接受過禮儀教育，不懂得官場「規矩」，說話口無遮攔，老是扯起當年的舊事，甚至直呼陳勝的小名。於是，陳勝以「客愚無知，顓妄言，輕威」為由，把其中一個給砍了。其他人一看，知道此時的陳勝早已不是當年那個哥們了，都識趣地離去了。

　　「變臉」者為何要變臉？不希望別人瞭解自己「闊」起來之前的「窘況」，是其中一個原因。也就是說，他們都有極強的虛榮心，而且認為出身貧寒是一種恥辱。另一個原因是在這種「變臉」者心裏，什麼親情、友情、愛情，都是為利益服務的，有用時就有「情」，用不上就絕情。他們所說的「苟富貴，勿相忘」，其實是根本不可信的，事情發展的結果，往往是「苟富貴，立相忘」：發達起來的那個人根本不會記住還沒發達起來的故人（其實客觀上也許記得，但他必須裝出忘了的樣子來）。還需要說明的是，這種人往往又是變色龍，一旦他重新落魄，從富貴回到貧賤，他又會「重新做人」，和「老友」們「和好如初」。我認識一個人，他還是個普通幹部時，和我們這些平民玩得很好。後來，他因為偶然的機會，進入權力核心部門，結果，在路上相遇，和他打招呼，他竟然不認識我們了；甚至有時在電梯裏「零距離」接觸，他的眼睛也只朝上看。再後來，他退下來了，呵，又和我們有聯繫了，回憶起多年前在一起的光景，還說得很清晰呢。

眼睛瞧上不瞧下，富貴不認親爹的人，其實是心智不健全的人。這種人感情容易大起大落，情緒非常不穩定，其行為在旁人看來十分可笑，甚至可悲。每每想到這一點，我就覺得這種人其實是挺可憐的（雖然富貴起來了），如果哪位能發明什麼治療辦法，讓他們的心理也和正常人一樣健康，那可真是功德無量的事。

「圈子」的力量

　　物以類聚，人以群分。大千世界，芸芸眾生，構成了一個個大小不一特色各異的「圈子」。別小看這個平時未必起眼的「圈子」，當它們達到一定規模時，形成的「核心競爭力」還真不容忽視。

　　讀《資治通鑑》接近尾聲時，撿起兩個互不相關的故事，以此管窺一下「圈子」的力量。

　　《資治通鑑》第二百七十三卷載：五代十國時期，後唐莊宗剛剛消滅後梁，後唐重臣郭崇韜初到汴梁、洛陽時，收下了很多藩鎮送來的厚禮。他的親信勸告他不要做這樣的事，郭崇韜說：「我自己位兼將相，俸祿無數，怎麼需要這種外財？問題是，梁朝末年賄賂成風，這些藩鎮都是梁朝的舊臣，如果拒絕他們，他們豈不感到害怕，認為我不信任他們嗎？所以，我只不過是先替國家收下這些東西而已。」

　　《資治通鑑》第二百九十卷載：後周太祖廣順二年（西元 952年），江南的南唐由於皇帝愛好文學，文藝事業繁榮，超過其他國家，但此前該國尚未設立科舉制度，提拔幹部主要靠上書言事。這時，南唐任命翰林學士江文蔚主持貢舉（即實行科舉取士），盧陵人王克貞等三人考中進士。然而，由於當時的朝廷執政官員都不是經科舉任職，大家一起阻撓詆毀科舉制度，結果此事只好中止。

　　郭崇韜並不是個貪財戀物的人，而且他也知道，自己位極人臣，衣食無憂，財物對他並無現實價值（這個道理，現代某些官員應該

好好領悟）。然而，他來到一個新環境（被後梁污染過的環境），卻不得不違心地扮演一個受賄者的角色，因為不這樣做的話，後果可能很嚴重，將涉及到穩定問題呢——當後梁的舊臣們發現和新領導玩不到一塊時，在那樣的亂世，誰能保證他們不生異心？

由郭崇韜的做法，很容易讓人想起當今官場的一個「黑色幽默」。某些落網的貪官或者沒有落網的官員，他們對自己的受賄行為有一種看似有理的解釋：收受賄賂是為了更好地開展工作，因為同僚們都在收，自己不收的話，大家會對自己產生誤解，從此心生隔閡，甚至孤立自己，工作就很難做了。此話雖有狡辯的成分，但也並非完全沒有道理，不可排除有一部分收禮的官員的確是處在這樣的環境當中，而且是出於這種考慮——咱這可不是給貪官開脫，而是希望哪個地方若出現了這種現象，人們應當好好地、深入地剖析一下當地的官場「生態」才是，而不要簡單化地認識這個問題。

南唐中斷科舉考試的情況，在現實生活中也能找到類似的版本。比如，某個單位，如果領導自己沒學歷，那麼，他在用人時往往會下意識地排斥有學歷的人，而和那些同樣沒學歷的員工打成一片，制定的政策，也不會讓有學歷的人撿便宜、沒學歷的人吃虧；甚至，在這樣的單位，學歷越高的人越受排擠（形成「武大郎開店」現象）。反之，如果領導擁有高學歷，則可能用人時相當重視文憑，政策也會向文憑傾斜……於是，我們便不難看到這樣的現象：某個地方或單位，一忽兒是「工人階級」出身的人吃香，一忽兒是有文憑的人走俏，一忽兒是有基層工作經歷的人受重用，一忽兒是從機關走出來的人受青睞，究其背後的原因，很有可能和「當家人」的某個特徵有關。

　　「圈子」可以使一個人違心地做不該做的事,「圈子」可以使一項制度夭折,「圈子」的力量由此可見一斑。但是,不管怎麼說,「圈子」的這種力量,到頭來還是產生的積極作用少,導致的負面影響多。它容易使一個單位(或群體)為了小集體的利益而固步自封,盲目排外,拒絕創新,阻撓變革,終至形成一潭死水,走向沒落、腐朽,的確不宜掉以輕心。當這種「圈子」已然形成時,唯有借助外力,形成穿透力,以最快的速度瓦解之、摧毀之,這個原有的「圈子」才能突出重圍,走向新生。

從「頭」護法

　　近讀《資治通鑒》，發現我們不少古人「法紀」意識還是挺強的，有些事情今人還不一定做得到那麼好。僅以戰國時期的幾例為證。

　　《資治通鑒》第二卷：公孫鞅在秦國變法，太子觸犯法律，公孫鞅說：「法之不行，自上犯之。」將太子的老師公子虔處刑，將另一個老師公孫賈臉上刺字以示懲治（之所以不直接處罰太子，是因為他是國君繼承人，不能施刑，所以只好以其老師為替罪羊——當時的「國情」如此，這一點怪不得公孫鞅）。此舉一出，原本對新法大鬧意見的秦國人立馬老實下來，「皆趨令」。十年以後，變法取得了「道不拾遺，山無盜賊，民勇於公戰，怯於私鬥，鄉邑大治」的喜人成果。

　　同一卷：申不害在韓國為相，曾經為他的堂兄「跑官」，但遭到韓昭侯的拒絕。韓昭侯是這樣說的：「我之所以向你請教，目的就是治理好國家。現在我該批准你的私請來破壞你創設的法度，還是該推行你的法度而拒絕你的私請？你曾經勸導我按功勞封賞等級，現在你自己卻有私求，我該聽哪種意見呢？」一番話說得申不害心服口服。

　　第五卷：趙國名將馬服君趙奢，原是一個收租的小官。有一次，他到大名鼎鼎的平原君趙勝家收租稅，平原君的家人不肯交。趙奢以法處置，殺死平原君家中管事人九名（筆者按：這法律本身倒是夠殘酷的，不足取！）。平原君大怒，想殺趙奢。趙奢說：「你作為

趙國的貴公子，縱容家人而不奉公守法，法紀就會削弱，法紀削弱則國家衰弱，國家衰弱則各國來犯，到時趙國不存在了，你還有富貴嗎？所以，以你的尊貴地位，更應帶頭奉公守法，國家才能強大。」被列為著名的「戰國四公子」之一的平原君果然素質不低，馬上將趙奢推薦給趙王，使其得到提拔重用。

幾個故事的主人公，都深知從「頭」護法的道理，因此有了傳為佳話的事蹟。2000 多年前的古人就有這種見識，後輩讀書人能不佩服嗎？當然，和歷史上數目龐大的統治者隊伍相比，像上述幾位這樣的賢明人士，所占比例恐怕還是不夠的，所以，中國幾千年來，終究還是人治社會而非法治社會──畢竟幾千年來，還有更多的「高層人士」「護法」意識不強或根本就沒有，這不能不說是一大遺憾。

在專制體制下，「高層人士」的守法護法意識，完全靠自覺。法紀的貫徹執行，和許多民眾的命運一樣，靠的是「運氣」：碰上好領導，就能執行到位，否則就是另一種結果。比如公孫鞅，如果他的領導秦孝公不支持他，他敢動太子的人嗎（事實上，他也因此得罪了太子，以致秦孝公死後，自己落得個「作法自斃」的下場──此係題外話）？比如申不害，如果他的領導韓昭侯不是高度重視法度的國君，申不害不就因一己私利而「害」了自己一手創設的法度？比如趙奢，如果不是碰上平原君趙勝也算個明白人，還有機會成為一代名將？早成護法「死者」了。

正是因為靠「自覺」，所以這些法制意識濃厚的先賢們更讓人敬佩。正是因為這些「頭」們懂得「護法」，中國歷史才留下了一串熠熠生輝的法制故事，免得有的人以「中國人向無法制意識」為理由來給自己的不講法尋找「理論支撐」。以歷史的眼光來看，這類故事

雖然不是很完美，但多「宣傳」它們，對促進法制建設還是很有積極意義的。

今天，社會進入民主共和制，遵紀守法已不僅是「自覺自願」的問題，而且帶上了強制色彩，成了每個公民都應該做到的基本行為準則。饒是如此，在現實生活中，一些領導幹部卻還是做不到從「頭」護法，甚至冒著風險「親自」大幹違法勾當。每年落入法網的各級領導幹部都不是小數字，而幹了循私枉法之事但尚未落入法網的「漏網之魚」，只怕為數還更多。

中國的「人治」歷史為何這麼漫長？就是因為眾多的君主以及手握大權的其他「高層領導」並未將法律擺在應有的高位，自己更是凌駕於法律之上，甚至任意踐踏法律。在這種政治環境下，法律本身尚且「弱不禁風」，常常自身難保，淪為一紙空文，哪裡談得上讓人信服的「威力」？在今天的法制建設當中，要讓法律樹立應有的威信，領導帶頭守法顯得至關重要。光是「有法可依」是不夠的，只有領導幹部帶頭做到「有法必依」，維護法律的權威，才能真正實現執法必嚴、違法必究。

人性沒有「標準答案」

　　說起蕭何，熟悉歷史的人都知道，這是兩漢時期一等一的優秀人才。劉邦以一介土匪而擁有天下，這位傑出的「管家」功不可沒。

　　西元前 200 年春季，漢朝建國才幾年，蕭何主抓「國家重點工程」未央宮的建設。一天，劉邦前來工地視察工作，看到宮殿建造過於華麗，鄉下人出身的他憤怒地對蕭何說：「天下紛亂，連年受戰事勞苦，成敗還是個未知數，怎能把宮室修築得過度豪華！」蕭何卻辯解道：正是因為天下尚未安定，所以可以大興土木；而且，宮殿不壯麗就不足以顯示天子的威嚴；另外，現在把規模做大，為的是不讓後世超過它（呵呵，這一點的現代版聽起來倒不陌生：不就是許多領導常愛說的「××工程要確保××年不落伍」嗎？今日總算考證出了這個「理念」的首倡者）。劉邦聽了這解釋，龍顏大悅。

　　乍讀《資治通鑑》第十一卷的這一段文字（文言文也就百把字），我不禁感到疑惑：蕭老先生這是怎麼了？接下來看到《資治通鑑》編著者司馬光的一段點評（他老先生編到這裏也忍不住了），才有所悟並對司馬老先生的議論感到痛快。

　　司馬光毫不客氣地批評了蕭何一頓。他說，從沒聽過君主依靠宮室的規模來鎮服天下的道理；天下未定，節儉用度以解救百姓才是正事，創業的君主帶個節儉的好頭，他的後代尚且會驕奢淫逸，何況自己帶頭顯示奢侈。他甚至認為，到了漢武帝時，終因濫建宮室而使天下疲憊衰敗，這未必就不是蕭何開的頭！

　　原來，一向見識不凡的蕭何，也有目光偏斜、思路荒謬的時候。這一段記載，無疑要使蕭何在後人給他的「綜合測評」中失分不少。由此也提醒我們，在評價一個人的時候，不可想當然，流於概念化。古人雲：人非聖賢，孰能無過（同樣的道理，反過來說，即使是十惡不赦的人，身上也許仍有偶爾閃光的一面）。一個人身上的矛盾真是太多了（「大人物」尤其如此），所以，人性沒有「標準答案」。

　　2001 年諾貝爾文學獎獲得者奈保爾，在授獎大會上的發言真是語驚四座。他說，自己獲獎，得感謝他經常光顧的妓女──由於自己忙於工作，無暇去追求更體面的情婦，只有常常在妓女的懷中尋求慰藉（所以，自己的成績，當然也有妓女的一半）。用我們傳統的價值觀來看，奈保爾這樣的人豈不是生活糜爛、品德敗壞？以他這點德行，能創造出什麼營養豐富的精神產品？可是，人家的成績又是明擺著的，若因為他的私生活而認定他「狗嘴吐不出象牙」，好像是說不過去的。面對實話實說的奈保爾，我們能給他套什麼「標準答案」呢？

　　我很喜歡王躍文的幾部長篇小說。他的《國畫》、《梅次故事》，在人物塑造上獲得了很大的成功，甚至可以說是一大突破。他的作品中，已經沒有傳統意義上的「正面人物」。主人公朱懷鏡是好人嗎？他也有大量的庸俗的一面。那麼，朱懷鏡是「壞人」嗎？當然談不上，他並沒有幹傷天害理之事的動機。只能說，朱懷鏡是真實的，生活在一個真實的空間裏，而這個「真實」，又確保了作品的藝術真實。王躍文刻畫的人性沒有「標準答案」，這是他的作品最成功的地方之一。

去年，我曾經寫過一篇短文〈戈登的「傻勁」〉，對太平天國時期的洋槍隊隊長戈登重視信譽的一面表示肯定。文章在《中國改革報》發表後，被《報刊文摘》轉摘。後來，一個偶然的機會，我在互聯網上發現這篇文章受到一些線民的「批判」（有的用詞還挺有感情色彩，上升到多年前「階級鬥爭」的高度）。他們認為壞人就是壞人，沒什麼好談的，說他們的好話就是想「翻案」。21 世紀都過了好幾年了，這種仍然習慣用「對」或「錯」來評價人的傳統做法，很是令我感到茫然。以前讀書時，老師習慣對問題給出「標準答案」。數理化題目倒也罷了，連文學、政治、哲學方面的問題，也會有標準答案。現在想起來，我們習慣用「非此即彼」的思維模式來看問題，是不是和這種讀書方式有關呢？

人性是什麼？我想世界上沒有比這更複雜的東西了。當我們瞭解的人越來越多，當我們對具體某一個人的瞭解越來越深，我們就會發現，對人性的認識似乎永遠沒有固定的、完全正確的答案。人類社會是矛盾的社會，各種矛盾必然體現在個體的「人」身上。特別是在個性日益多元化的時代，人性的複雜化更是正常的事。摒棄「標準答案」的思維模式去看人、看世界，我們才會有全新的發現、更趨準確的認識，才不會對一個人盲目崇拜或產生偏見。如果奉行簡單化、格式化的做法，以致搞出了一葉障目的效果，這只能說是自己騙了自己，根本沒有理由怪別人。

從「起居注」看監督

　　起居注，是古代由專門的史官「錄紀人君言行動止之事」的史書（相當於他們的「每日彙要」）。中國人的歷史意識很強，起居注便是一個證明。《隋志》將史書分為 13 類：正史、古史、雜史、霸史、起居注、舊事、職官、儀注、刑法、雜傳、地理、譜系、簿錄。其中的「起居注」，按照時間順序，專門記載帝王的言行，是史家編史籍的重要史料。負責修起居注的官員，在皇帝的各種公開活動中隨侍在旁，記錄內容廣泛，包括朝廷命令赦宥、禮樂法度、賞罰除授、群臣進對、祭祀宴享、州縣廢置等（元朝以後則簡化了）。最早可知的起居注是漢武帝時的《禁中起居注》，清朝以前保存較完整的起居注是唐朝初年的《大唐創業起居注》。清朝由於官修起居注的制度較完善，加上年代離現在不遠，留下了大量的起居注（據有關資料說，有一萬多冊）。

　　古人做史官，往往是要有幾根硬骨頭的。「秉筆直書」是史家們崇尚的美德。這方面最著名的故事當數《左傳》記載的齊國太史、南史氏為了直書而不惜殉職之事：「太史書曰『崔杼弒君』，崔子殺之。其弟嗣書而死二人，其弟又書，乃捨之。南史氏聞太史盡死，執簡以往，聞既書矣，乃還。」崔杼把齊太史三兄弟都殺了，他們家老四還接著寫他弒君之事；和此事本不相關的南史氏生怕太史老四也被殺，專門帶著筆記本趕過來接班（也就是「接死」），直到知

道老四沒事（崔杼不敢再殺了），才回去。文天祥〈正氣歌〉中的「在齊太史簡，在晉董狐筆」，歌頌的就是古代的幾個「良史」代表。

在沒有新聞媒體的古代，寫史是一種重要的輿論監督方式，而起居注尤其是這樣。唐朝以前，按照不成文的規定，起居注是不允許皇帝看的。多數皇帝都遵守著這個規矩，但也有例外。

《舊唐書‧褚遂良傳》和《資治通鑑》（第一百九十六卷）載：貞觀年間，褚遂良負責記錄唐太宗李世民的起居注。有一次，李世民想取過來看一看，褚遂良以「不聞帝王躬自觀史」為由拒絕了。李世民問他：「我幹了壞事，你也一定要記下嗎？」褚遂良說：「這是我的職責，當然一定要記。」黃門侍郎劉洎接過話題說：「皇帝有過失，就像日食和月食一樣，人們都能看見。即使遂良不記，天下人也記著呢！」

褚遂良是好樣的，拒絕了李世民的「非分要求」。然而，李世民想看起居注的念頭並未就此打消。第二年（貞觀十七年，西元 643年），李世民找到監修國史的房玄齡，提出看國史的要求。房玄齡本來也想拒絕，但李世民說了自己的理由：一是自己和以前的君主不一樣，看了國史不會發脾氣；二是觀史的目的是為了知道自己的失誤，以便今後改正。諫議大夫朱子奢勸他說沒必要看，但李世民堅持要看，房玄齡便讓步了。總算李世民是個有素質的帝王，當他看到「書六月四日事，語多微隱」──史官對當年玄武門事變的內容含糊其詞，還要求「削去浮詞，直書其事」，讓他們如實補記當時的情景（見《資治通鑑》第一百九十七卷）。

李世民之前有沒有哪個皇帝看過起居注，筆者沒有查到相關史料。《資治通鑑》第二百四十六卷還提到，近二百年之後，李世民的

後人唐文宗也想看起居注，但被起居舍人魏謩拒絕了。魏謩對唐文宗說：「起居注既記載善行，也記載惡事，以警示帝王去惡從善。陛下只管勤政為善，不必考慮看史的問題。」唐文宗說：「過去我曾經看過呢。」魏謩說：「那是以前的史官失職。如果陛下親自觀看，史官記載時便有所避諱，將來又怎麼讓後人相信呢？」唐文宗這才作罷。魏謩是魏徵的五世孫，身上頗有魏徵遺風。如魏謩所言，皇帝不能看起居注，這樣，一方面可以保證記錄的真實性；另一方面，皇帝為了身後的名聲，做事便要好好考慮，想想後果，儘量避免做壞事、錯事，以免遺臭萬年。

　　從理論上來說，起居注這種「儆戒人君」的「輿論監督」功能是可以發揮良好作用的，但從李世民破例和唐文宗曾經觀史這兩件事來看，它的「輿論監督」功能又令人存疑：如果皇帝硬要干擾史官的工作的話，這起居注還真能寫得那麼理想嗎？如果史官不自覺遵守「職業道德」的話，這項制度還能如實執行嗎？答案已經擺在歷史上了：到了北宋，宋太宗就改了皇帝不看起居注的規定，於太平興國八年（西元 983 年）命令參知政事李昉記下的時政記必須先送皇帝審閱，然後再送史館，起居注院所編的起居注也參照執行。

　　可見，起居注這種監督方式，是很不可靠的。其一，它完全靠雙方的自覺來維繫這種監督作用。古人的迷信思想嚴重，是有神論者，所以，帝王權力雖大，但害怕上天的懲罰，行事不敢太過分，既然祖上有規矩不能看起居注，那就不看吧。但萬一某個皇帝不信這個了，起了想看的念頭怎麼辦？碰上褚遂良、魏謩做史官，可能還會僵持一陣，碰上房玄齡，不就很快破例、違規了？從唐文宗所說的「曾經看過」來看，還不知有多少皇帝與史官私下違禁了呢。

可見，這種僅靠雙方自覺，沒有強制措施（特別是問責機制）的監督，是非常脆弱的，不能讓人放心。

其二，監督與被監督雙方的力量過於懸殊，不成比例。一邊是國家最高統治者，手上掌握著生殺予奪的大權，一邊是手無寸鐵（只有一支根本不能自衛的禿筆）的史官，雙方萬一發生了點什麼，這樣的力量對比，能產生什麼結果？總不能要求個個史官都像齊太史那樣付出生命的代價吧？正因為如此，宋太宗才可以一句話就把這個規矩改了。

其三，雙方是領導與被領導的關係，所謂「獨立寫史」，難以真正實現。對一般的史官來說，他們端的是皇家的飯碗，心裏沒點顧忌是不可能的，所以，即使唐太宗不看，玄武門事變的記載也是閃爍其詞。倒是劉洎說的「遂良不記，天下人也都記著」更有些道理：皇權雖大，也有鞭長莫及的地方，天下的輿論工具，未必全被皇帝控制著，對那些管不到的人，他就沒轍了。宋太宗親自審定時政記、起居注，於是，關於宋太宗謀害其兄宋太祖的說法，在北宋的官方史料中便難以找到；可是，宋太宗想不到的是，遼國的史籍卻留下了對他不利的記載──沒辦法，管不到人家呀！說不定，民間還有人偷偷地寫著什麼呢。

由此看來，有效的監督，光靠自覺是遠遠不夠的，而應有制度作保障；監督者除了能盡職，自身還要有相應的力量；雙方應當擺脫隸屬關係，讓監督權真正實現獨立行使。

後記

「歷史」這位老人家

（一）

　　7 月初，從上海交通大學醫學院網站看到一則〈關於開展讀書活動的通知〉。該學院向師生推薦了一批暑假讀物，共 20 本書，分為 4 個類別。其中，「社會文化類」的 5 本書中，居然有我的拙著《領導幹部讀〈資治通鑒〉》，而另外 4 本分別是：余秋雨的《尋覓中華》，馬克·佩恩、金尼·扎萊納（美國）的《小趨勢》，馬可·奧勃留（古羅馬）的《沉思錄》，蔡元培的《中國人的修養》。

　　得到這個資訊，我的第一反應是：這個名單真是「魚龍混雜」──其他 4 部書都是「龍」，我這本是不折不扣的「小魚蝦」。這話不是自謙，在心裏，我當然十分清楚這本小書有幾斤幾兩。不過，話說回來，我還是非常感謝薦書者的錯愛，對我來說，這個書單最大的意義是給了我莫大的鼓舞。在這之前，這本小書在《解放日報》連載過，並被眾多媒體推介，這些都是我始料未及的。很多熱心的朋友因此奉勸我，務必在這條路上繼續走下去，爭取更大的收穫。

　　說到閱讀歷史，這是我學生時代以來的愛好。至今還記得，讀小學時，一部歷史題材的小說《三國演義》讓我如癡如醉，特別是讀到孔明星殞五丈原時，久久不能釋懷，以致當晚在夢中遇見了諸葛亮；讀中學時，借到一本通俗歷史讀物，為了讓這些歷史人物、歷史事件不在記憶中褪色，我硬是利用一個暑假將這本書手抄下

來；還有，因為偏愛文史，導致嚴重偏科，讀高中時的一次考試，數理化三門功課總分只相當於歷史單科分數……

有些愛好，純粹是讀閒書讀出來的。我讀歷史，正是這種情形。因為愛好，我放棄了一些東西，也收穫了一些東西。「失之東隅，收之桑榆」，人生是有所選擇的，只要自得其樂，那便無怨無悔。讀史明智，讀史充實了我的生活，其中的收穫一言難盡。

（二）

這幾年，讀史熱成為一種文化現象，這並不是沒有理由的。中國人向來是珍愛歷史的，汗牛充棟的史籍就是一個明證。儘管，在很多人心裏也許經常會忽視歷史、忘記歷史。

面對喧囂的現實和越來越多的泡沫文字，人們對從前的故事越來越陌生。這些雪藏在現實背面的「從前」，需要以一種更方便接受的方式融入現代人的生活。以歷史為題材的隨筆，因此在媒體上多起來了。筆者不揣淺陋，從興趣出發，也寫過一些這類小文章。我的第一本書《我想我說》（大眾文藝出版社出版），有半本屬於讀史隨筆；今年由華文出版社出版的《領導幹部讀〈資治通鑒〉》，則完全是一本讀史隨筆，只是出版方出於市場的需要，竟然給我定了個與「隨筆」沾不上邊的書名（後來的事實表明，出版者的眼光果然看得準，「去文學化」的書名有效地擴大了這本書的銷量）。

在寫作這類短文時，我常常問自己一個問題：我要寫的文章，是就史說史，講個故事給別人聽，還是有選擇地滲入當代意識，讓

歷史這面古老斑駁的鏡子清晰地照出現代生活的影子？如果是前者，要麼以歷史故事為談資，說的說，聽的聽，說過之後成為耳邊風；要麼做一個嚴肅的學術研究者，為了考證歷史上的某個細節而皓首窮經，猛追不捨。這種選擇要麼過淺要麼過深，要麼我不願做要麼我做不來。於是我選擇了後者：作為一個業餘愛好者，我更希望從歷史的長河中打撈出幾件對普通人群有用的物什，也就是讓「歷史」這位長者來告訴人們某些並不深奧的道理（長者因為吃過的鹽比後輩吃過的飯多、走過的橋比後輩走過的路多，因而具有其獨特的權威性）。所以，在寫作上，我盡可能地借古喻今，結合當今現實，通過歷史人物與歷史事件給當代讀者提供有益的借鑒（包括做人、做事等方面）。

（三）

為什麼要讀歷史？我們有句老話說：「不聽老人言，吃虧在眼前。」歷史就是這樣一位有話語權的老人。

我在通讀《資治通鑒》時對此尤其感覺深刻。以「鑒於往事，資於治道」命名的《資治通鑒》，自成書以來，歷代帝王將相、各界名流爭相傳讀，其中許多人還專門對其點評批註，衍生出了各自的思想成果。到了現代，這部千年古籍的價值依然不減當年，備受有識之士垂青。一部史書，千年以來一直成為閱讀熱點（用現在的話來說，這是一部千年以來躋身暢銷書排行榜的長銷書），這絕對不是偶然的。

　　司馬光編著《資治通鑒》，最初的目的是以史學服務於政治，為統治者提供治國的借鑒。然而，司馬光非凡的學識決定了這絕非一部僅供一時一地之用的「速食文化」、用來為個人謀升遷的「敲門磚」。歲月老人是公正的，經過歷史的檢驗，這部史學巨著的社會意義已遠遠超出了司馬光的初衷。當封建王朝已徹底成為歷史，這部誕生於封建時代的巨著，卻越來越成為人類寶貴的文化財富。不管是從做人、做官還是做事的角度來看，《資治通鑒》對今天的人們來說都仍然是一面質地上好的鏡子，時常照一照它，你可以知曉許多事理，少走許多彎路。

　　如果說司馬遷的《史記》是一部學術型的史書，那麼，司馬光主編的《資治通鑒》也許更像一部實用型史書。學術型史書，更適合文人學者的口味；實用型史書，則適合各個階層的人士，哪怕是他們不做任何學問。在當今這個凡事講究效率的年代，讀讀實用型的史書，以史為鑒，在歷史的長河中把握現實，越來越成為眾多讀者的需求。

　　歷史是博大的，我們所能接觸到的，遠不到冰山一角（包括《資治通鑒》這樣的巨著，也只是歷史老人的一張「小像」而已）。越成熟的民族越懂得尊老敬老。回顧歷史，是為了更好地把握未來。因此，我雖愚鈍，卻不怕歷史老人發笑，在掩卷之後常作些淺薄的思索。如今，臺灣的蔡登山先生有意在寶島提供一個出版機會，於是我從過去的讀史隨筆中挑選若干，彙成這個小集子，取名《歷史不會開玩笑》——因為我相信，歷史老人是嚴肅的，是認真的——他對我們說的，的確不是開玩笑。

2009 年 7 月 8 日之夜

國家圖書館出版品預行編目

歷史不會開玩笑：李偉明讀史隨筆選 / 李偉明
　著. -- 一版. -- 臺北市：秀威資訊科技，
　2009.10
　　面；　公分. -- (語言文學類；PG0287)
　參考書目：面
　ISBN 978-986-221-299-8(平裝)

　1. 中國史　2. 雜文

610.9　　　　　　　　　　　　　　98017315

語言文學類　PG0287

歷史不會開玩笑
——李偉明讀史隨筆選

作　　者 / 李偉明
主　　編 / 蔡登山
發 行 人 / 宋政坤
執行編輯 / 藍志成
圖文排版 / 蘇書蓉
封面設計 / 蕭玉蘋
數位轉譯 / 徐真玉　沈裕閔
圖書銷售 / 林怡君
法律顧問 / 毛國樑　律師
出版印製 / 秀威資訊科技股份有限公司
　　　　　 台北市內湖區瑞光路 583 巷 25 號 1 樓
　　　　　 電話：02-2657-9211　　　傳真：02-2657-9106
　　　　　 E-mail：service@showwe.com.tw
經 銷 商 / 紅螞蟻圖書有限公司
　　　　　 台北市內湖區舊宗路二段 121 巷 28、32 號 4 樓
　　　　　 電話：02-2795-3656　　　傳真：02-2795-4100
　　　　　 http://www.e-redant.com

2009 年 10 月 BOD 一版
定價：210 元

讀　者　回　函　卡

感謝您購買本書，為提升服務品質，煩請填寫以下問卷，收到您的寶貴意見後，我們會仔細收藏記錄並回贈紀念品，謝謝！

1.您購買的書名：＿＿＿＿＿＿＿＿＿＿＿＿＿＿＿＿＿

2.您從何得知本書的消息？

　　□網路書店　　□部落格　　□資料庫搜尋　　□書訊　　□電子報　　□書店

　　□平面媒體　　□ 朋友推薦　　□網站推薦　□其他＿＿＿＿＿＿

3.您對本書的評價：(請填代號　1.非常滿意 2.滿意 3.尚可 4.再改進)

　　封面設計＿＿　　版面編排＿＿　　內容＿＿　　文/譯筆＿＿　　價格＿＿

4.讀完書後您覺得：

　　□很有收獲　　□有收獲　　□收獲不多　　□沒收獲

5.您會推薦本書給朋友嗎？

　　□會　　□不會，為什麼？＿＿＿＿＿＿＿＿＿＿＿＿＿＿＿＿

6.其他寶貴的意見：＿＿＿＿＿＿＿＿＿＿＿＿＿＿＿＿＿

＿＿＿＿＿＿＿＿＿＿＿＿＿＿＿＿＿＿＿＿＿＿＿＿＿＿＿

＿＿＿＿＿＿＿＿＿＿＿＿＿＿＿＿＿＿＿＿＿＿＿＿＿＿＿

＿＿＿＿＿＿＿＿＿＿＿＿＿＿＿＿＿＿＿＿＿＿＿＿＿＿＿

讀者基本資料

姓名：＿＿＿＿＿＿＿＿＿　年齡：＿＿＿＿　性別：□女 □男

聯絡電話：＿＿＿＿＿＿＿＿　E-mail：＿＿＿＿＿＿＿＿＿

地址：＿＿＿＿＿＿＿＿＿＿＿＿＿＿＿＿＿＿＿＿＿＿＿

學歷：□高中(含)以下　　□高中　　□專科學校　　□大學

　　　□研究所(含)以上 □其他＿＿＿＿＿＿＿＿

職業：□製造業 □金融業 □資訊業 □軍警 □傳播業 □自由業

　　　□服務業 □公務員 □教職　　□學生 □其他＿＿＿＿＿

- -

(請沿線對摺寄回,謝謝!)

秀威與 BOD

BOD（Books On Demand）是數位出版的大趨勢，秀威資訊率先運用 POD 數位印刷設備來生產書籍，並提供作者全程數位出版服務，致使書籍產銷零庫存，知識傳承不絕版，目前已開闢以下書系：

一、BOD 學術著作—專業論述的閱讀延伸
二、BOD 個人著作—分享生命的心路歷程
三、BOD 旅遊著作—個人深度旅遊文學創作
四、BOD 大陸學者—大陸專業學者學術出版
五、POD 獨家經銷—數位產製的代發行書籍

BOD 秀威網路書店：www.showwe.com.tw
政府出版品網路書店：www.govbooks.com.tw

永不絕版的故事・自己寫・永不休止的音符・自己唱